机车乘务员
心理健康手册

《机车乘务员心理健康手册》编委会 编

中国铁道出版社有限公司
CHINA RAILWAY PUBLISHING HOUSE CO., LTD.

图书在版编目（CIP）数据

机车乘务员心理健康手册 /《机车乘务员心理健康手册》编委会编. — 北京：中国铁道出版社有限公司，2022.7
ISBN 978-7-113-28932-4

Ⅰ. ①机… Ⅱ. ①机… Ⅲ. ①机车-乘务人员-心理健康-手册
Ⅳ. ① U268-62

中国版本图书馆 CIP 数据核字（2022）第 037560 号

书　　名：机车乘务员心理健康手册
作　　者：《机车乘务员心理健康手册》编委会

策划编辑：郑媛媛
责任编辑：郑媛媛　　　　**编辑部电话：**（010）51873293
特约编辑：王　藏
装帧设计：闰江文化
责任校对：孙　玫
责任印制：赵星辰

出版发行：中国铁道出版社有限公司（100054，北京市西城区右安门西街 8 号）
印　　刷：北京柏力行彩印有限公司
版　　次：2022 年 7 月第 1 版　2022 年 7 月第 1 次印刷
开　　本：700 mm×1000 mm　1/16　**印张：**10.75　**字数：**115 千
书　　号：ISBN 978-7-113-28932-4
定　　价：58.00 元

编 委 会

主　编｜傅文森　龚　茜　李建新

副主编｜姜　敏　顾　苏　吕艳朋　张佩峰

编　委｜李　雍　周　文　黄天资　刘晓刚

王本涛　王桂峰　赵祥刚

前言

近年来，我国铁路运营速度大幅提升，在为国民出行带来极大便利的同时，也给身处运输一线的铁路职工特别是机车乘务员提出了更高的工作标准和要求。他们是铁路行车安全最后一道关口的“守门员”，是及时发现铁路环境安全隐患的“哨兵”。确保高铁和旅客列车安全万无一失，是铁路的政治红线和安全底线。因此，机车乘务员岗位成为铁路各级组织最重视的岗位，也是铁路工种中纪律要求和技术要求最严格的岗位。机车乘务员身心健康对铁路的行车安全至关重要，但全程监控、完全透明、独立作业的工作过程，极不规律的生活作息，极高的业务素质标准以及极强的应急处置要求，同时加诸机车乘务员一身，会对其产生巨大的影响。

多年的课题研究证明，长期沉重的工作压力不利于机车乘务员的心理健康，会导致心理承压能力较低的职业人群出现身心健康因素不稳定，发生较高的职业倦怠、职业紧张、职业焦虑或抑郁，从而影响运输安全和劳动效率。但人的身心健康、安全感和幸福感、心理承压能力，也与人的个性心理特征密切相关。因此，需要从组织层面建立健全机车乘务员身心健康管理机制，将严格管理与人文关怀相结合，塑造理性、科学的机车乘务员安全心智模式。具体而言，就是从职业心理健康入手，提高机车乘务员的耐压、抗压、解压能力，培育其自尊自信、理性平和、积极向上的社会心态，使其更好地服务于铁路运输生产安全，从而确保高铁和旅客列车安全万无一失。这也是我们当前和今后一个时期的重点工作。

因此，我们编写了《机车乘务员心理健康手册》，力图用简单易懂的文字与图片，介绍职业心理健康的知识和方法，帮助广大机车乘务员缓解工作压力，降低职业紧张度，增强其职业荣誉感、归属感和认同感。这些知识和方法同样适用于铁路其他关键岗位人员，如动车组机械师、车站值班员、高铁工务线路车间探伤工、轨道车司机、电务高铁车间和车载车间信号工，等等。真诚希望本书能带给铁路一线职工更多的职业健康知识和心理问题应对方法，为铁路运输安全保驾护航。

由于水平所限，书中难免存在不足之处，敬请专家、学者和广大读者批评指正。

《机车乘务员心理健康手册》编委会

2022 年 3 月

目录

附　录

第一章

细心解读：认识职业心理健康

2016年8月，习近平总书记在全国卫生与健康大会上强调，“没有全民健康，就没有全面小康”，“要加大心理健康问题基础性研究，做好心理健康知识和心理疾病科普工作，规范发展心理治疗、心理咨询等心理健康服务”。

第一节　健康与亚健康

一、健康与心理健康

生理健康和心理健康都是职业健康的重要组成部分。政府、企业和职工三方需要协同努力，为职工生命安全和健康提供保障，减少职业危害因素对人体健康的影响。

1. 什么是健康

世界卫生组织早在1948年成立之初就在其宪章中指出：“健康不仅是没有疾病和虚弱，而且是身体、心理、社会功能三方面的完好状态。”

健康的维持和促进是通过身体、心理和社会的不同组合来实现的——这种组合有时被称为“健康三角”。1986年，世界卫生组织在《渥太华健康促进宪章》中进一步指出，健康不仅是一种状态，而且是“日常生活的资源，而不是生活的目标”。健康概念不仅重视身体能力，更积极地强调社会和个人资源。由于人是一个相当复杂

保证足够的睡眠，第二天精力充沛

的综合性整体，其健康的标准也就涵盖了多维度的内容。生理健康有明确的标准，比如生长发育、成熟衰老等。更量化一些，就是体温 36~37℃（腋测法），舒张压 60~90 毫米汞柱、收缩压 90~120 毫米汞柱，心率 60~100（平均 75）次 / 分，这是人体生理活动的正常指标。而由于社会、文化背景等因素的影响，心理健康的标准就比较模糊，但其对人的行为准则起着主导作用。面对五彩缤纷的人生，只有健康的心理才能适应各种各样的环境，处理好纷繁复杂的问题。

2. 什么是心理健康

心理健康指的是一种积极的，能够使人们不断进步的心理状态。第三届国际心理卫生大会认定心理健康的标志包括身体、智力、情绪十分协调；适应环境，人际关系中彼此能谦让；有幸福感；在职业工作中，能充分发挥自己的能力，过着有效率的生活。

也就是说，除了没有疾病，心理健康的人还应该具备以下特点：可以持续学习，持续进步；可以良好地适应社会关系，良好地发展和保持亲密关系；能够有比较好的自我认知，并且能够在挫折、困难中应对，使自己度过困难和挫折；能够认识到自己的不足，并且在相当程度上接纳自己的不足。此外，情绪还要具有灵活性和弹性，比如在一些压力和极端环境下，能够调适自己的身心情况，去适应极端情况。

如果一定要将心理健康归结为某几个标准的话，目前，国内外学者普遍认为心理健康的标准有11项。

①具有适度的安全感，有自尊心，对自我和个人成就有“有价值”的感觉。

②充分了解自己，不过分夸耀自己，也不过分苛责自己。

③在日常生活中，具有适度的自发性和感应性，不为环境所奴役。

④适当接受个人的需要，并且有满足此种需要的能力。

⑤有自知之明，了解自己的动机和目的，并能对自己的能力作出适当的估计。

⑥与现实环境保持良好的接触，能忍受生活中的挫折和打击，不过度幻想。

⑦能保持人格的完整与和谐，个人的价值观能视社会标准的不同而变化，对自己的工作能集中注意力。

⑧有切合实际的生活目的，个人所从事的事业多为实际的、可能完成的工作。

⑨具有从经验中学习的能力，能适应环境的需要改变自己。

⑩在集体中能与他人建立和谐的关系，重视集体的需要。

⑪在不违背集体的原则下，能保持自己的个性，有个人独立的观点，有判断是非、善恶的能力，不过分谄媚，也不过分寻求社会的赞许。

3. 什么是职业心理健康

工作是实现自我价值的首要途径，在人生中占据举足轻重的地位。每个人都需要安全、健康的工作环境。对于职业安全与健康，

照一照镜子，对自己说：你真棒

早期大多关注职工在工作环境中受到的躯体伤害，但随着全球一体化进程的不断加快，职业人群的压力和健康问题也越来越凸显。

2007 年世界卫生组织指出，职工的职业心理健康问题和由此导致的工作能力降低可能导致国民生产总值减少 10%~20%。美国压力研究所提供的数据表明，职业压力给国家财政带来的损失年均高达 2000 亿美元。2009 年，我国的一项调查也表明，在政府和企事业单位中，75.8% 的高级管理者感觉压力很大。职工的职业心理健康问题主要是由于身体健康和安全得不到有效保障而导致，例如经济不景气、超负荷工作等常导致职业心理健康问题。

在这种形势下，劳动者也对职业心理健康有了更高的要求。20 世纪 80 年代早期，美国国家职业安全卫生研究所确定了 10 种最严重的职业伤病类型，包括职业性肺病、肌肉骨骼损伤、职业性癌症、急性外伤、心血管疾病、生殖障碍、中毒性神经系统疾病、噪声性听力减退、皮肤疾病和心理障碍。其中，多个职业伤病类型都强调了心理因素的影响。

近年来，随着经济的发展，职业安全与健康问题日益受到政府和企业的重视，而职业心理健康长期关注的重点就是工作压力对职工的影响。可以说，职业心理健康工作的主旨，就是利用心理学原理来改善劳动者的工作、生活品质，减少并最终消除亚健康状态，使劳动者身心健康。

4. 机车乘务员心理健康的标志

随着高速铁路列车运行环境的变化及时速的提高，对机车乘务员特别是动车组司机的心理素质提出了更高的要求，主要考察以下三项：

（1）个性特征

个性特征是机车乘务员个体独特的、稳定的对待现实的态度和习惯化的行为方式，它是一个人区别于其他人的稳定的心理特征。主要反映机车乘务员的性格是外向、内向及是否有偏激行为等，是否具有保证行车安全的正常性格特征。

（2）情绪稳定

情绪稳定是指机车乘务员在工作中是否具有积极认真、持之以恒的工作态度；是否热爱工作，有对工作负责到底的精神；是否在遇到挫折或者突变时仍能按作业标准完成工作；是否在是非问题上具有正确的人生观、价值观等。另外，还要看其是否有事故人格。

（3）责任意识

责任意识是指机车乘务员在工作中是否具有“生命至上、安全第一”的意识；是否明确作为一名机车乘务员的工作职责并自觉认真地加以履行；是否牢记规章制度、刻苦学习技术技能，做到业务素质全面。

实践证明，在突变发生的时刻或紧张的工作环境中，强烈的责任意识、稳定的情绪状态和良好的心理素质能够促使机车乘务员更好地发挥其综合素质作用，即：激发斗志、振奋精神、增强信心、

前一天晚上就做好第二天的准备

临危不乱，并能更有序、更有效、更正确地处置险情，确保列车运行安全。因此，我们认为机车乘务员应具备的健康心理标准为：健康的情绪、健全的意志、正常的智力、适度的行为反应，以及良好的人际关系。

二、什么是亚健康

亚健康可视为一种介于疾病与健康之间的临界状态。处于亚健康状态的人，在常规体检中往往不会发现器质性病变，但可能会表现出精神活力下降和社会适应能力减弱。如果亚健康状态得不到及时的纠正，易引起消化功能下降、食欲不振、便秘、腹泻、高血压、冠心病、癌症、性功能下降、倦怠、注意力不集中、心情烦躁、失眠、心理障碍等病症，严重影响患者的幸福感和工作能力。

1. 与亚健康状态相似的疾病表现

亚健康状态与某些疾病的表现类似，长期出现疲劳、乏力、疼痛等症状应及时就医，检查是否有下列疾病：

（1）甲状腺功能失调

甲状腺分泌的激素对新陈代谢和免疫功能具有重要的调节作用，

对人体的能量供给有重要影响。甲状腺功能失调分为甲状腺功能减退（甲减）和甲状腺功能亢进（甲亢）两种类型。如果甲状腺功能减退，身体得不到足够能量供给，就会疲劳乏力、萎靡不振。甲状腺功能亢进患者主要表现为代谢亢进，容易兴奋，但常常也会感觉身体疲劳，兴奋过后尤为突出。很多甲亢患者身体消瘦，肌肉萎缩，运动功能下降，易出现疲劳、无力、心慌、多汗、手抖等症状。甲状腺功能亢进还伴有体重下降、眼球突出等变化。

（2）糖尿病

糖尿病是一种现代人常见的代谢性疾病，可累及全身多个器官。发病早期多无明显症状，随着病情进展会出现多饮、多尿、多食、体重下降等症状。由于代谢能力的下降，患者还会表现出精力不足、易疲劳等症状。

（3）抑郁症

抑郁症可能会导致情绪低落和严重疲劳。但抑郁症的生物学原因尚不清楚，所以很难确定到底是什么原因导致躯体疲劳，但与抑郁症相关的疲劳会导致人们很难完成简单的日常任务。一个人如果疲劳感强且精神不振、情绪低落，在做身体检查的同时也应当做心理筛查，看是否与抑郁症有关。

（4）心内膜炎

心内膜炎是心腔和心瓣膜的炎症。最常见的心内膜炎是亚急性细菌性心内膜炎。病因是有缺损或异常瓣膜的心脏可能有血液不正常流动的内部空间，细菌的侵入使这些异常瓣膜和缺损成为常见的感染部位，而疲倦和发热是心内膜炎最常见的症状。有些患亚急性

细菌性心内膜炎的人在皮肤上或指甲下有小红点，此病在确诊前可持续数月。因此，出现发热、虚弱、疲乏或不寻常的红点，有可能是心内膜炎的症状，应及时到医院检查治疗。

（5）颈椎病

颈椎病也会导致全身无力。如果觉得肩膀和颈部莫名酸痛、颈部和后背无端发沉、手指发麻、上肢无力、偶尔头晕恶心或视力忽然模糊，有可能是颈椎病的症状，应及时到医院检查治疗。

以上几种疾病的症状都与亚健康状态类似，应先排除病理性干扰因素，再考虑亚健康症状的缓解治疗。

2. 亚健康的危害

处于亚健康状态的人，除疲劳和不适之外，一般不会有生命危险。但是如果遭受高强度刺激，或者长期熬夜、冲动发脾气、超负荷劳动，则容易出现猝死现象，也就是俗称的“过劳死”。

在医学上，“过劳死”是一种综合性疾病，是指在非生理状态下的劳动过程中，人的正常工作规律和生活规律遭到破坏，存在精疲力竭的亚健康状态。疲劳淤积并向过劳状态转移，使血压升高、动脉硬化加剧，突然引发身体潜在的疾病急性恶化，进而出现致命的状态。

常直接促成“过劳死”的五种疾病依次为：冠状动脉疾病、主动脉瘤、心瓣膜病、心肌病和脑出血。除此之外，消化系统疾病、肾衰竭、感染性疾病也会导致“过劳死”。据《中国居民营养与慢性病状况报告（2020年）》（以下简称《报告》）显示，2019年我国18岁及以上居民高血压患病率为27.5%，而2015年这一数字为25.2%。2019年我国18岁及以上居民糖尿病患病率为11.9%、高胆固醇血症患病率为8.2%、40岁及以上居民慢性阻塞性肺疾病患病率为13.6%，与2015年的发布结果相比均有所上升。《报告》还显示：2019年我国居民因慢性病导致的死亡人数占总死亡人数的88.5%，其中心脑血管病、癌症、慢性呼吸系统疾病的总死亡比例为80.7%，慢性病患者的基数仍在不断扩大。肺癌和乳腺癌分别位居男、女性发病首位。而事实上，癌症、卒中、高血压、冠心病、哮喘、消化溃疡、失眠头痛等疾病的发生都与压力密切相关。

2021年5月17日，世界卫生组织、国际劳工组织等机构的研究人员也发表了关于过劳对健康影响的报告。报告指出：2016年全球十分之一的职工每周工作超过55个小时，而与此同时2016年全球有74.5万人死于卒中和缺血性心脏病，与2000年相比增加了29%。虽然报告中的统计数据并没有显示出超劳与健康之间存在着明确的因果关系，但根据世界卫生组织的标准已经足够证明工作时间过长有害健康。由此看来，因过劳导致的职业健康风险不容小觑，过劳越来越成为职场人群的“健康杀手”。

第二节　影响机车乘务员身心健康的因素

除先天因素之外，影响机车乘务员身心健康的因素包括以下几方面。

一、个体因素

1. 缺乏运动

缺乏运动是导致身心不健康的重要因素。特别是亚健康人群大多不爱运动，或者不经常运动，有的只是每周或每月才运动一次，部分人甚至多年都没有参加过一次体育运动。而那些经常运动，如每三天至少运动一次的人，平时几乎很少会感觉身体不适，身体方面的活力也明显优于缺乏运动者。

《报告》显示：我国居民身体活动不足是非常普遍的。而且居民主动锻炼的比例不高，每周至少进行 1 次体育锻炼的成人比例不足 25%。这个数据在铁路企业机务系统中也不容乐观。我们在 3000 多名机车乘务员中做的调查问卷显示，从不锻炼的职工比例为 14.4%，偶尔锻炼的比例为 46.7%，一周锻炼 1~2 次的比例为 28.3%，每周锻炼 3 次及以上的机车乘务员只占 10.6%。

缺乏运动可以直接或间接影响人的健康，严重者会患上运动缺乏症。运动缺乏症会导致超重及肥胖、腰酸腿痛、情绪低落、失眠、肌肉松弛、免疫力低下等亚健康症状，同时一些以焦虑、抑郁等情绪变化为主要特征的身心疾病，更是与缺乏运动有着十分密切的关系。与经常运动的健康男性相比，缺乏运动的男性死亡的危险要高出 2~3 倍，死于心血管疾病的危险要高出 3~5 倍。可以说，缺乏运动对健康的危害不亚于高血压、高胆固醇血症、糖尿病及吸烟。而对于因缺乏运动而引起的健康损害，若一味地打针、吃药或依靠各种补剂来被动地改善身体状况是无济于事的，必须通过运动来避免。

2. 睡眠不足

长期睡眠不足容易导致人体免疫力降低，会诱发各种心身疾病，对工作和生活都可能造成严重影响：

①情绪不稳定：睡眠不足会出现情绪障碍，引起情绪低落或易激惹易怒。

②记忆力衰退：睡眠不足对长期记忆和短期记忆均有不良影响，长期睡眠不足可导致脑功能紊乱，造成记忆障碍。

③工作效率低下：睡眠不足可引起神经衰弱，认知功能下降，导致反应缓慢、思维能力降低，从而造成工作效率低下。

④安全风险高：睡眠不足的人反应变得迟钝，警觉性降低，容易操作失误，造成安全事故。

我们在 3000 多名机车乘务员中做的睡眠情况调查问卷显示（见表 1-1）：接受调查的机车乘务员年龄 40 岁以下的占总人数的 59%，但总体自诉睡眠障碍发生率较高，睡眠情况与年龄相关性不明显，与职业相关性较为明显。

无论明天要做什么，今天就做；
无论今天要做什么，现在就做

表 1–1　机车乘务员睡眠情况统计

睡眠	货运	动车	客运	总体
失眠（%）	77.0	65.3	51.0	64.4
时间（小时）	6.34 ± 1.07	6.26 ± 0.92	6.61 ± 1.14	6.41 ± 1.00

由表 1–1 可知：

①机车乘务员失眠人群比例较高，有 60% 以上的机车乘务员有睡眠障碍。

②从睡眠时间来看，绝大多数人的睡眠时间正常，为 6~7 小时，但自诉睡眠障碍率较高，说明机车乘务员的睡眠质量较差，睡眠结构有待调整。

③机车乘务员（货运）的失眠比例高达 77%，动车组司机的失眠比例高达 65.3%，这两个群体急需睡眠健康辅导或治疗。否则长此以往，不但会影响乘务员的身体健康，而且会对行车安全造成很大影响。

3. 个性特征

我们对机车乘务员持续追踪 4 年的课题研究显示，职业压力会导致心理承压能力较低的职业人群心理状态失去平衡，发生较高的职业倦怠、职业紧张、职业焦虑或抑郁，从而影响运输安全和劳动效率。

心理学研究表明，人的情绪可以通过心理训练得以稳定和控制，但个性是天生的，是不能选择的，它虽然可以在后天得到优化和改造，但其基本的性质不会改变。性格对一个人的职业适宜性起着至关重要的作用。特定的性格适合从事特定的职业，勤劳、认真、仔细、自信，自我控制力强、富有稳定和持久的情绪特征的人，有利于做好各项安全工作。反之，则可能酿成大祸。

（1）警惕“人格障碍”

心理学研究认为，事故与人的个性有关。某些人由于具有某些个性特征，因而比其他人更易发生事故。换句话说，即这些人具有“事故倾向性”。当然，事故的发生不仅仅是人的失误，而主要是“人—机—环”系统的失误。但不可否认的是，“人格障碍”的确存在，某些具有人格障碍的从业人员甚至可能出现岗位犯罪行为。

例如，2020 年 7 月 7 日，贵州安顺一公交车驾驶员因报复社会致 21 人不幸遇难，造成严重社会影响。贵州肇事公交车司机张某即为比较典型的“反社会型人格障碍”。“反社会型人格障碍”者具有下列共同的心理和行为特征：

①相貌与智力均在中等以上，给人的第一印象较好。

②没有精神分裂症的症状，思想并不紊乱，也没有幻觉与妄想等现象。

③没有神经症的症状，情绪上既少焦虑，也少激动。

④对人对事，不分轻重缓急，既无责任心，也无义务感，因此在言行上无法取信于人。

⑤缺乏坦诚的气质，给人以虚伪的印象。

限制饮食中的咖啡因含量

⑥知过而不悔改，且无羞耻之心。

⑦所表现的侵犯别人的行为，事先并无明确的动机或计划，多系隐藏性的冲动。

⑧缺乏是非善恶的判断能力，不能从失败经历中获取教训。

⑨极端自私自利，在剥夺别人权利以满足个人私欲之后，不肯对人回报，甚至缺乏应有的亲情与爱意。

⑩情绪迟钝淡漠，不像常人受外因感动而有喜怒哀乐的表情。

⑪缺乏领悟能力，不能见贤思齐，不能从别人的行为中学到东西而改变自己。

⑫虽不关心别人，但却强烈需要别人的关注与信赖。

⑬常在幻想状态下对人表现恶作剧行为，以粗鄙丑陋的言行惹人厌恶。这种行为表现酒后尤为明显。

⑭不显示自杀倾向。

⑮在两性关系上，纯以自我满足为出发点，与异性交往从不认真，从不向对方付出真心与爱情。

⑯生活无目标、无计划，也无方向。就其自身幸福而言，生活中的一切活动都可以说是自毁行为。

此类人格障碍一般无法通过职业训练和管理者的教育引导而改变。因此关键岗位人员的职业适应性检测非常重要。可以通过筛选，将“人—机—环”不匹配者调离有危险的工种，安排在事故发生概率极小的岗位，以降低事故率。

（2）关注“A 型性格”

或称 A 型行为模式。它的提出是心理学对于身心疾病研究的一大贡献。长期以来医学界认为诱发心脏病的常见原因是高血压、吸烟等，但有一半以上的心脏病发病因素仍然无法解释。后来心理学家提出，易患心脏病的人有一种共同的行为模式，即 A 型行为模式。A 型以外的行为模式被称为 B 型行为模式。A 型性格的人常表现为性情急躁、情绪易激动、争强好胜、行动较快、做事效率较高、有时间紧迫感等。其中，心理素质较差和不善于自我心理疏导的人更易患心脏病。A 型性格的人由于长期紧张，极易导致心血管病，甚至可随时发生心肌梗死而猝死。统计表明，85% 的心血管疾病与 A 型行为模式有关。同样，有关研究也表明，A 型性格与冠心病的发生密切相关。在心脏病患者中,A 型性格达 98%。尸体解剖检验证明，A 型性格的人，心脏冠状动脉硬化的发生率要比 B 型性格的人高 5 倍。有关专家认为,这是因为 A 型性格能激起特殊的神经内分泌机制，使血液中的血脂蛋白成分改变，血清胆固醇和甘油三酯平均浓度增加，从而诱发冠状动脉硬化。

综上所述，机车乘务员的个性特征和情绪稳定对驾驶工作的影响很大，机车乘务员应具备良好的性格特征，在对待集体、他人、事物和劳动上要有积极的态度，同时具备良好的自控能力、坚定果敢的品性和严谨认真的态度等。在铁路工作岗位，爱岗敬业是做好安全工作的关键，工作态度和责任心在很大程度上决定了行车安全系数的高低。

不要事事追求完美

二、环境影响

1. 作业环境

作业环境对于机车乘务员的心理和生理都会产生不同程度的影响。近几年，司机室的物理环境有了较大的改善，高温、高湿、噪声等职业病危害因素已经基本消除，但机车乘务员的职业“隔离”程度有增无减。所谓“隔离”，是指作业人员身体与社会环境相分离的一种状态。飞行员、机车乘务员等职业人群都容易因“隔离”状态而产生应激反应。比如波兰的一项研究表明，约35%的飞行员自诉有孤独感和离开地面的不愉快反应，还有如心神不安、紧张、缺乏自信、害怕驾机出现误差、幻觉和定向障碍等情绪反应。

机车乘务员特别是动车组司机值乘时，大多是单班单司机或双班单司机，一个人独立完成作业。即使是双司机值乘，机班的两名机车乘务员之间也只有工作交流，且操作全程被录音录像监控，没有任何社交空间。狭窄的司机室、严肃紧张的工作氛围，往往会带给机车乘务员强烈的压抑感和孤独感。长期在这种孤寂的环境中工作，不仅容易疲劳，而且容易产生负面心理反应。主要表现为情绪激动、焦躁不安、容易发火、迁怒于人、情绪低落、抑郁、失眠多梦、常常产生错觉和幻觉、工作中失误增加、人际关系紧张等。

2. 家庭环境

家庭是个体赖以生存和发展的基本单位，也是个体获得社会支持的根本来源。维护家庭关系，特别是维护婚姻关系是个体社会生活、事业发展最重要的基石。

机车乘务员长年累月在一个单调的驾驶环境中工作，值乘时间不规律、生活作息不规律，与家人朋友之间的交往很少。这种繁忙且相对封闭的工作环境，可能会影响机车乘务员的判断分析能力和应变能力，导致个体对社会认知产生局限性或者错觉，价值取向产生偏差，从而使机车乘务员与家庭成员之间缺少情感沟通，出现家庭矛盾。而当家庭成员需要共同面对和处理一些问题和危机的时候，机车乘务员又往往会因为工作关系而缺席。长此以往，家庭支持系统的不断缺失就会加重机车乘务员的生理疲劳感和厌倦感，导致其产生对职业的心理厌倦或否定。因此，家庭环境的影响不可忽视。

3. 人际环境

心理学家通过调查发现，个体与上下级、个体与同事之间的沟通和人际关系对工作情绪影响较大。机车乘务员岗位是铁路各工种中纪律要求最严格、技术标准和业务素质要求最高的岗位，机务系统半军事化管理的特性导致上下级关系较为紧张，人际环境不够宽

松，甚至不同程度存在以罚代管的现象。加之部分干部职工缺乏人际交往的训练，沟通能力不强，因此也会给机车乘务员造成较大的困扰和压力。

三、管理因素

1. 岗位性质因素

（1）安全压力大

安全是铁路永恒的主题，机车乘务员是铁路行车安全最后一道关口的“守门员”。“一点都不能差、差一点都不行”的安全理念，“确保高铁和旅客列车安全万无一失”的安全标准，全程监控、完全透明、独立作业的工作过程，极不规律的生活作息，严格的考核奖惩制度及极强的应急处置要求，同时加诸机车乘务员，使机车乘务员承受着巨大的安全压力。

（2）半军事化管理

铁路运输是一项复杂的系统性工程。为了保证铁路运输安全，铁路调度管理要高度集中统一，多部门协调联动，这就要求铁路职工做到坚决执行命令、严格遵守作业纪律。机车乘务员作为铁路部门的重要岗位，同样面临着“高要求、严标准”的考验。部分机车乘务员因对岗位认识不到位、实际经验不足、技能水平不强，可能会遇到能力与岗位不匹配的窘境。因短期无法摆脱这一窘境，导致其精神压力过大，甚至出现心理失衡。

（3）工作强度高

机车乘务员特别是普速机车乘务员夜间作业、长交路作业等极为常见。长期频繁变换时差地倒班工作，在一定程度上导致机车乘务员生物钟紊乱；行车交路安排不合适、休息不及时，都会使机车乘务员在工作时心神不安，造成生理和心理的疲惫难以缓解。

2. 管理方式不当

（1）存在“晋升延迟”

心理学上有个很著名的理论，叫“延迟满足”。指一种甘愿为更有价值的长远结果而放弃即时满足的抉择取向，以及在等待中展示的自我控制能力。但一方面，延迟满足能力是需要培养的，在不具备这种能力时，机车乘务员会出现“付出回报失衡”的心态；另一方面，管理中更多的是“晋升延迟”，也就是我们俗称的晋升“玻璃天花板”现象，高付出、低回报的感觉使得机车乘务员职业热情衰竭，对工作任务消极应对。

（2）交接班管理疏漏

根据各机务段提供的数据显示，在一天 24 小时中，早上 6 点到 8 点发生的安全事故相对较多。铁路部门的交接班时间一般在晚上 18 点或早上 8 点。交接班前后的一个邻近时间段，也称为“注意

生死之外无大事

力低峰期”。交班者注意力涣散，接班者还未完全进入“角色”。有时，为了赶在交班前完成某项任务，草草收尾，因而遗漏某个操作或有意违规，以达到加快完成任务的目的，结果导致严重的事故。2007年4月18日7时45分，辽宁省铁岭市某特殊钢有限责任公司生产车间，一个装有约30吨钢水的钢包在吊运至铸锭台车上方2~3米高度时，突然发生滑落倾覆，钢包倒向车间交接班室，钢水涌入室内，致使正在交接班室内开班前会的32名职工当场死亡。事故发生的主要原因之一就是违章设置班前会地点，该车间长期在距钢水铸锭点仅5米的真空炉下方小屋内开班前会，钢水包倾覆后造成人员伤亡惨重。2018年，某机务段机车乘务员发生“碰撞异物未及时停车”的触碰红线行为，因其急于赶回家处理家务事，对违章抱有侥幸心理。交接班前后，不但容易因违章而导致事故，而且一旦发生事故，由于不易做到指挥统一、协调一致，还可能扩大事故的影响。因此，规范交接班管理，应引起各级管理者的高度重视。

综上所述，速度快、节奏紧凑的运输方式，加之自身的性格特征、生活习惯、职业环境产生的心理影响，都会使铁路职工神经紧张，心理负担得不到调整或释放，容易产生心理疾病。另一方面，机车乘务员的身心健康又会对铁路运输安全产生直接影响。因此，有必要探寻职工压力和心理问题并加以关注，努力维护职工心理健康。这是职工的期盼，也是铁路安全运输的需要。

第三节　行车安全压力及来源

一、压力的含义

压力是指个体在适应生活的过程中，由于实际或认识能力上的不平衡而引起的一种通过生理、心理和行为反应表现出来的身心紧张状态。例如，机车乘务员面对重要情景和无法应对的情景时所表现出来的生理或心理上的异常反应。具体地说，压力指的是一种身心反应。

压力并不等同于负性情绪。正常情况下，个体对紧张的反应具有一定的调节能力，这种调节能力是短暂的心理和行为反应，可以使客观需求与主观反应之间达到一种平衡。根据耶克斯－多德森定律，适度的紧张能够提高个体的专注度，提升工作效率。因此，适度的紧张在工作中是非常有必要的，能够使人保持一定的警觉，在工作中认真负责，免出差错。但是一旦紧张超过了某个限度，个体不能有效调节主观反应和客观需求的关系，就会使得个体长期处于焦虑和紧张的情绪中，对其心理健康和身体健康造成负面影响。也就是说，压力对机车乘务员的影响是两方面的，即保持一定的压力能够增强职工的责任心和提高工作效率，但是压力过大反而会影响工作能力的发挥，降低工作效率。

二、机车乘务员心理健康现状

对 3000 余名机车乘务员进行的心理健康调研和数据测量结果表明：在岗机车乘务员心理素质基本稳定，能够保证行车安全。但也出现了较为普遍的职业焦虑、职业倦怠和工作疲劳等状况。具体表现如下：

1. 身心健康程度不佳

机车乘务员的高血压检出率普遍较高，失眠情况较为严重，由此诱发的焦虑与抑郁情绪也较重。

一是疾病高发。体检报告显示骨骼肌肉系统疾病、高血压、高脂血症、肠胃疾病为机车乘务员的高发疾病，而这些疾病的发生都与心理因素有关，医学上称为“心身疾病”。

二是有睡眠障碍。受调查的机务系统职工中，有 55.1% 的人自我报告有睡眠不良现象，如失眠、多梦或者早醒。在机车乘务员中，这个比例高达 64.4%。

三是有抑郁倾向。有 6.9% 的机车乘务员在抑郁自评量表（附录四）测量期（15 天内）表现出重度抑郁倾向，常见症状包括注意力不易集中、记忆力减退、食欲不振、心情烦闷、抑郁、焦虑或紧张，甚至有恐惧感等。机车乘务员（货运）的心理健康程度最差：

有 10% 的机车乘务员在抑郁量表测量期（15 天内）表现出重度抑郁倾向。动车组司机普遍心理素质较好，但个别机车乘务员的抑郁程度也应引起重视。

2. 职业疲劳程度较高

经测量，机务系统职工的职业疲劳得分普遍较高。机车乘务员躯体疲劳大于脑力疲劳。过度疲劳会导致机车乘务员无力、困倦、注意力涣散，从而对行车安全产生不利影响。特别是由于生物钟的影响，夜间和午后值乘的机车乘务员最易发生疲劳和困倦，所以退乘后机车乘务员一定要保证充足的睡眠。

3. 职业倦怠感较强

职业倦怠也称“职业枯竭”，是一种因长期工作压力过大导致的情绪、精神和身体的疲倦状态，常伴有对自身能力和工作价值的怀疑。职业倦怠不仅表现为个人心理问题，还表现为人际关系障碍；不仅影响工作中的人际关系，还影响与家人的关系。严重者甚至可导致心身疾病。

经测量，机车乘务员的职业倦怠得分普遍较高。其中动车组司机的职业倦怠感大于机车乘务员（货运）、大于机务段机关工作人员，也大于机车乘务员（货运）。部分动车组司机存在职业倦怠，会直接影响高铁行车安全，应当引起管理者的足够重视。

总之，从心理测量的抽样检测数据可以看出，机车乘务员的疲劳、职业紧张度、职业倦怠和职业抑郁的程度都比较高，需要引起重视并加以控制。

助人乃快乐之本

三、机车乘务员的压力来源

通过机车乘务员职业效能和身心健康调查，我们将动车组司机、机车乘务员（客运）、机车乘务员（货运）三类乘务员的心理健康、工作压力和职业倦怠状况进行对比，得出表 1–2 的结论。

1. 机车乘务员的主要压力为经济压力、健康问题和工作任务

表 1–2　机务系统职工压力来源

单位：%

来源	货运	动车	客运	总体
经济压力	75.0	55.4	69.6	66.6
子女教育	29.0	36.6	28.4	31.3
健康	52.0	48.5	31.4	43.9
职业发展	17.0	13.9	14.7	15.2
人际关系	13.0	10.9	10.8	11.5
婚姻问题	12.0	5.9	11.8	9.9
工作任务	36.0	44.6	36.3	39
其他	1.0	1.0	1.0	1.0
无	1.0	0.0	5.9	2.3

由表 1–2 可知：

①经济压力、健康问题和工作任务是参与调研的机车乘务员的主要压力来源。

②机车乘务员（货运）的经济压力、健康压力高于动车组司机、机车乘务员（客运）。

③动车组司机的主要压力来源排名前三位的是：经济压力、健康问题和工作任务；在对比组中婚姻问题、职业发展压力最小，人际关系压力较小。

④机车乘务员（货运）的主要压力来源排名前三位的是：经济压力、健康问题和工作任务；在对比组中子女教育压力来源较小，其余各项压力来源比例都较高。这与参与调研的机车乘务员（货运）平均年龄较大有关。

⑤机车乘务员（客运）的主要压力来源排名前三位的是：经济压力、工作任务和健康问题；在对比组中健康问题、子女教育和人际关系压力最小。

铁路企业应考虑这些压力因素，不断改善机车乘务员的薪酬待遇，加大对机车乘务员的健康管理力度，防止出现因身心疾病而导致的行车安全事故。对于某些突发情况导致机车乘务员精神不振、心理压力较大的，在安排他们出乘作业时要非常慎重。在相应的文件，如《机车乘务员一次乘务作业标准》中，也应有关于这方面的描述及处理措施。机车乘务员应当有与相关部门及人员进行交流的机会，以及时反映出现的问题，避免这些问题的出现影响工作状态，带来安全隐患。

2. 职业紧张分析

我们分别用“工作要求—自主模式”（JDC 模式）和“付出—回报失衡”模式（ERI 模式）分析了机车乘务员职业紧张的原因。“工作要求—自主模式”认为工作要求高、工作自控（支配）力低是引起职业紧张的重要原因；“付出—回报失衡”模式认为工作中的付出与回报不成比例、付出多回报少是引起职业紧张的原因。

综合两种模式的数据，我们得出结论：机车乘务员（货运）、机车乘务员（客运）、动车组司机普遍感觉工作紧张度高，三类机车乘务员岗位的职业紧张程度不存在显著差异。机车乘务员（货运）与动车组司机均认为工作自主性差，对自身任务和行为没有掌控权；而货运、客运、动车组三类机车乘务员都认为工作付出多、回报少，心理感觉失衡。这种现象应当引起各级领导的重视，应当有组织、有意识地加强乘务员的职业荣誉感培养。

第四节　压力引发的机车乘务员心理性职业病

一、慢性疲劳综合征

（一）慢性疲劳综合征的症状与表现

疲劳是人体对外界压力的自然反应，是健康状态已处在警戒线的信号，也就是说，身体已经用红灯在警告我们了。例如，工作会使人感到精疲力竭；紧张焦虑可导致出汗、心悸、呼吸急促等现象；情感打击会使人感到沮丧，这些不良情绪还会引起内分泌失调、中枢神经功能紊乱、能量过度耗损以致无法正常的工作和生活。机车乘务员生理层面的劳累与应激状态等职业健康不良表现可能会引发铁路行车事故。

一般情况下，机车乘务员结束工作任务后，通过一整夜的休息就可以恢复充沛的精力。但有的机车乘务员次日起床后仍然觉得十分疲倦，并且疲倦会持续一段时间，这种状态就是慢性疲劳。部分机车乘务员对此掉以轻心，不注意调整，其实这是一种失误。因为这种强烈的疲劳感如果持续半年或更长，可能会出现头晕、头痛、发热、咽喉痛、淋巴结肿大、注意力下降、全身无力等症状，这会降低机车乘务员的判断力，影响列车的行车安全。

提前 15 分钟到达约定地点

1. 慢性疲劳综合征与亚健康状态

慢性疲劳综合征是指身心极度疲劳，虽然经过充分休息但仍然不能解除疲劳的感觉。研究发现，慢性疲劳综合征患者的压力效应敏感系统和生理系统的完整性都出现了缺失，在这种情况下，患者对于机体或者外部环境的刺激表现出非常高的敏感性。尽管患者处于睡眠之中，但其压力效应敏感系统依然处于高度警觉状态。

在亚健康状态中，比较普遍的主诉就是疲劳。慢性疲劳综合征是亚健康状态的一个重要表现。事实上，慢性疲劳综合征就是亚健康状态，只是慢性疲劳综合征已经有了诊断标准和一定的处置原则，而对于亚健康状态，学者还有不同的意见和争论。美国疾病控制与预防中心的资料显示，美国现有慢性疲劳综合征患者约 400 万人。在我国虽暂无全国范围的统计数字，但专家估计，我国处于亚健康状态的人群占总人口的 60%~70%，超过 8 亿人，其中慢性疲劳综合征患者的数量不容低估。

2. 慢性疲劳综合征临床诊断标准

美国疾病控制与预防中心通过专家鉴定，将一组以慢性持久或反复发作的脑力和体力疲劳为主要特征的症候群正式命名为慢性疲劳综合征（CFS），并制定了相应的诊断标准。同时具有 2 项主要标准、6项症状标准和2项体征标准，或累计具有8项以上单纯的症状标准，即可确诊为慢性疲劳综合征。

（1）慢性疲劳综合征的主要诊断标准

①持久或反复发作的疲劳，持续6个月以上；

②根据病史、体征或实验室检查结果，可以排除引起慢性疲劳的各种器质性疾病。

（2）慢性疲劳综合征的症状标准

①体力或心理负荷过重引起不易解除的疲劳；

②没有明确原因的肌肉无力；

③失眠症状普遍存在，或有多梦和早醒；

④头胀、头昏或头痛；

⑤注意力不易集中，记忆力减退；

⑥食欲不振；

⑦肩背部不适、胸部有紧缩感，或有腰背痛、不定位的肌痛和关节痛，无明确的风湿病史或外伤史；

⑧心情抑郁、焦虑或紧张、恐惧；

⑨兴趣减退或丧失；

⑩性功能减退；

⑪低热；

⑫咽干、咽痛或喉部有紧缩感。

（3）慢性疲劳综合征的体征标准

①低热，口腔温度低于38℃，肛温低于38.6℃；

②咽部充血，但无明确扁桃体炎症；

③可触及小于2厘米的颈部淋巴结肿大或压痛；

④未发现其他引起疲劳的疾病体征。

身体长期处于疲劳状态会造成体内荷尔蒙分泌失调、神经系统调节功能异常、免疫力低下，同时也会引起肩膀酸痛、头痛等自主神经失调症状，感染疾病的概率也会增大。到目前为止，尚无特别有效的治疗方法。临床上主要采用药物、心理和行为等综合疗法。药物治疗着重补充 B 族维生素，特别是维生素 B_6，同时补充肉碱、镁离子和必需的脂肪酸。药物治疗可以明显地改善患者的疲劳症状。

（二）慢性疲劳综合征的危害

慢性疲劳综合征对人体的危害是多方面的，包括引起躁狂症、抑郁症、失眠、记忆力下降等心理问题。引起肥胖或过瘦、四肢乏力、活动迟缓、肌肉酸痛、食欲不振、心悸、便秘或腹泻等。

二、职业焦虑与职业抑郁

（一）职业焦虑

1. 焦虑情绪与焦虑症

焦虑情绪是与处境不相称的痛苦情绪体验。例如，由于生活中遇到一些事件，包括降薪、工作失误、准备考试、升职竞争等而导致的一种异常的情绪体验。典型的形式为没有确定的客观对象和具体而固定的内容的提心吊胆，也称为漂浮焦虑，或无名焦虑。

在心理学上，焦虑症是一种精神疾病，又称焦虑性神经症，以广泛性焦虑症（慢性焦虑症）和发作性惊恐状态（急性焦虑症）为主要临床表现，常伴有头晕、胸闷、心悸、呼吸困难、口干、尿频、尿急、出汗、震颤和运动性不安等，其焦虑并非由实际威胁所引起，其紧张惊恐程度与现实情况很不相称。其主要特征包括身体紧张、自主神经系统反应性过强、对未来担心、过分机警。

2. 职业焦虑的症状表现

职业焦虑是指职场人士由于不能达到目的或不能克服困难，致使其自尊心与自信心受挫，或使其失败感和内疚感增加，从而形成的一种紧张不安、带有恐惧的情绪状态。某网站的一项调查显示，超过五成的职场人士受职场危机所困扰，认为自己发展无方向、升职没机会、工资上不去。许多事业处于上升期的“70后”“80后”因为职场危机而陷入焦虑。

职业焦虑的主要表现为：

①对工作热情减淡，容易生气或情绪低落，失眠、记忆力差，注意力不容易集中。

②遇到困难时缺少帮助，但希望得到更好的发展机会。

③在工作中总是感到最坏的事情即将发生，常常会坐卧不宁，缺乏安全感，整天提心吊胆、心烦意乱、焦虑、恐慌和紧张，对外界事物失去兴趣。

培养一种健康的兴趣爱好

3. 机车乘务员的焦虑情绪及来源

工作负荷直接关系到人们的精神与身体承受能力。工作负荷过大，会对机车乘务员造成压力，使其神经处于高度紧张的状态，产生焦虑情绪。

（1）焦虑来源

①工作压力过大：在社会变迁、组织变革、职业发展、人际关系和角色冲突等方面，长期持续承受过大的压力。

②缺乏控制感：对某种情况（如日程、任务、工作量）缺乏控制时，会使工作紧张程度加深，易导致疲劳倦怠。

③缺乏社会支持：缺乏来自家人、领导、同事等方面的支持，支持系统面临瘫痪。

④工作生活不平衡：工作占用了过多的时间和精力，缺少和家人、朋友在一起的时间。

⑤工作要求与个人能力不匹配：所从事的工作与个人的价值观、兴趣爱好、知识技能等不匹配，导致压力和对工作的厌倦。

⑥完美主义人格：完美主义者容易设置过高的目标，自己无法达到，受挫后对自我产生怀疑，从而产生挫败感，严重影响了个人能力的发挥。

（2）焦虑表现

在 3295 名机车乘务员的 16PF 人格量表（见附录六）中，83.7% 的受测者有中高程度的紧张倾向。超过十分之一（11.6%）的受测者有高忧虑性倾向。这意味着相当高比例的机车乘务员面对压力更容易产生焦虑情绪，极有可能产生失眠、疲劳、焦躁不安、物质滥用（酗酒）等不良行为。

（二）职业抑郁

1. 抑郁情绪与抑郁症

每个人都会有抑郁的情绪。当人们遇到挫折、压力、天灾人祸、生老病死等情况时，就会产生抑郁情绪。

抑郁情绪是指心情低落、闷闷不乐等情绪。一般来说，正常人的抑郁情绪是基于一定的客观事物，事出有因。通常表现为正面情绪和负面情绪。无论是正面情绪还是负面情绪，人的喜怒哀乐都是正常的，但是抑郁情绪并不代表一定就患有抑郁症。

抑郁症是一种常见的精神疾病，主要表现为情绪低落，兴趣减低，悲观，思维迟缓，缺乏主动性，自责自罪，饮食、睡眠差，担心自己患有各种疾病，感到全身多处不适，严重者可出现自杀念头和行为。

抑郁症的发病率很高，几乎每 7 个成年人中就有 1 个抑郁症患者，因此它被称为精神病学中的“感冒”。目前，抑郁症已成为全球疾病中给人类造成沉重负担的第二重要疾病，对患者及其家属造成的痛苦、对社会造成的损失都是非常大的。所以，必须及早发现、及早治疗，免除患者的痛苦。

2. 职业抑郁症的症状表现

职业抑郁症是指由工作方面的因素引起的抑郁症。造成职业抑郁症的职业因素包括：工作压力太大、经常加班、轮班制度不合理、所从事的工作与性格不匹配、人际关系紧张、工作中的完美主义倾向等，主要因工作引发了严重的心理问题，诱发抑郁。可归于社会因素引起的抑郁症。

职业抑郁症的症状表现为：

①厌倦工作，在工作中难以提起兴致，只是依仗着一种惯性来工作，常常感到身心疲惫；

②对自己工作的意义和价值评价下降，对前途感到无望，对未来充满无力感；

③不愿起床、逃避工作，常常迟到早退，处理公务时拖拖拉拉；

④领导交代的事情，几经催促也完不成，批评教育也不听；

⑤凡事总往消极方面思量，不抱任何希望；对工作、生活丧失信心，内心缺乏安全感，时常感到恐惧、担忧，经常产生跳槽或转行的念头，或是画地为牢，变得极其认命；

⑥职场压力过大，难以承受，常常感到濒于崩溃，并出现食欲下降、失眠、记忆力减退、头痛等症状，严重者甚至出现血压增高、肠胃失调、溃疡、心脏疾病、呼吸问题、肌肉紧张等生理变化；

⑦内心的想法很少和别人说，有自杀倾向等。

【案例】机车乘务员的焦虑与抑郁

铁路运输高密度、高速度运行需要机车乘务员全神贯注。他们每次作业最多的时候需要执行125项作业流程，“眼看、手比、口呼、耳听、脚踏”标准化动作枯燥重复，身体长时间处于固定坐姿、大脑长时间处于高度紧张状态；再加上天气突变和意外事故等诸多行车途中的突发情况，使许多职工产生过大的安全压力。机车乘务员常常出现紧张、强迫行为甚至是沮丧、厌倦、恐慌、恐惧情绪，属于典型的焦虑与抑郁表现。

在正常行车中，机车乘务员经常会出现强迫性的“复读机”行为——不断复诵调度命令，不断重复催促“车机联控”用语，反复呼叫唯恐遗忘或者错听；机车乘务员还有特殊的职业习惯——驾驶机车要每隔30秒踩踏一下“警惕踏板”，值乘一个区段往返要踩踏近千下。因此造成有些机车乘务员值乘时唯恐错漏而加快踩踏频率，甚至出现一分钟踩踏“警惕踏板”36下的“抖腿行为”。这些情况尚属焦虑情绪的正常表现范畴。但有时遇到突发事件会给机车乘务员造成巨大心理冲击，甚至是精神刺激。有的机车乘务员在出乘中遭遇路外伤亡事故，执行“清障”任务后出现强烈的恐惧情绪，需要进行心理干预。还有的机车乘务员在机车模拟驾驶训练中出现严重焦虑，不能耐受训练。甚至在接受过专业训练的动车组司机中也存在一定比例的严重睡眠障碍。这些问题都需要心理干预和疏导才能解决。

第二章 防治结合：健康身心的自我调理

古希腊哲学家埃皮克迪特斯（Epictetus）说过：“人不是被事情本身所困扰，而是被其对事物的看法所困扰。”我们无法改变外部环境，但可以努力培养健康的生活方式，学会调整自己的心态，使之与变化相适应。健康身心自我调整的主旨就是掌控自我，学会激发自身潜能，化压力为动力，幸福生活。

第一节　养成健康的生活方式

人的健康与否，大约有 7% 受气候因素影响，8% 受医疗条件制约，10% 受社会因素浸润，15% 由遗传因素决定，其余 60% 的影响因素则为生活方式。也就是说，人的健康在很大程度上是由生活方式决定的。而健康的生活方式不是与生俱来的，需要经过长时间的培养，培养的主动性又在人们自己。在我们的生活中，有很多人明知熬夜伤身，却总抵御不了追剧的诱惑；明知烟酒伤身，却总是不忍拒绝朋友的邀约；明知健身有益健康，却抵不过惰性的依赖。其实，很多人并不缺少健康常识，缺少的是一种自律精神。养成健康的生活方式就是强调个体对自己的健康负责。

养成健康的生活方式有以下三大途径。

一、合理膳食，调节健康身心

民以食为天。饮食为人类生存提供了物质基础，同时饮食也无

笑一笑，十年少

时不在影响着我们的身体健康。因此，在影响人类健康的众多因素中，饮食是最直接和最重要的因素之一。

1. 饮食调节

（1）补充蛋白质

蛋白质是构成细胞的基础物质，没有蛋白质就没有生命，蛋白质是人体细胞的“灵魂”。人体组织的修复和更新，需要不断地补充蛋白质。长期缺乏蛋白质，可导致记忆力下降、精神萎靡、反应迟钝等。工作越繁忙，越要多吃瘦肉、动物内脏、鱼虾、奶类、蛋类、豆制品等蛋白质含量丰富的食物，机车乘务员尤其要多吃富含蛋白质的食物。

（2）多食用富含维生素 A 的食物

食用富含维生素 A 的食物对眼睛有益。维生素 A 又称“视黄醇”，能够预防和治疗干眼症和夜盲症。一个成人维生素 A 的每日推荐摄入量：女性为 700 微克，男性为 800 微克，而半碗（100 克）蒸胡萝卜的维生素 A 的含量约为 4000 微克。

（3）多食用富含维生素 C 的食物

维生素 C 具有提高免疫力、预防心脏病和脑卒中、加速伤口愈合、减少感冒、延缓衰老的作用。机车乘务员可以多吃富含维生素

C 的食物，如新鲜蔬菜和水果，其中青椒、黄瓜、菜花、小白菜、西蓝花、猕猴桃、鲜枣、梨、橘子、柚子、草莓等维生素 C 的含量较高。

（4）多食用富含维生素 E 的食物

维生素 E 具有降低胆固醇、减少动脉斑块形成、提高免疫力、清除体内杂质、预防白内障的作用。与富含维生素 C 的食物一起食用还具有美容、抗衰老的功效。机车乘务员可选择杏仁、花生和山核桃等富含维生素 E 的食物。

（5）补充磷脂

磷脂是组成大脑和神经细胞必不可少的成分。蛋黄、虾、核桃、花生、牡蛎、乌贼、银鱼、青鱼中都含有较高的磷脂，在日常饮食中不妨多吃一些。

2. 坚持吃早餐

早餐是一天当中最重要的一餐。长期不吃早餐会使大脑功能下降，影响大脑发育。饥饿时血糖降低，会使大脑功能出现障碍，从而出现头晕、注意力不集中、记忆力减退、易疲劳等症状。因此，机车乘务员不仅要吃早餐，而且还要高度重视早餐的质量。

3. 未渴先饮

随着年龄增长，中老年人细胞内的水分均比青年时期减少 30%~40%。一般不爱喝水的人，皮肤常显得干燥，皱纹可能出现较早，因此提倡“未渴先饮”，养成每天即便不渴也要多次适量饮水的好习

计划先行，不要等到事情已经发生了，才去想解决办法

惯。掌握“未渴先饮”和“少量多饮”的习惯，能够保持体内水分平衡，防患于未然，达到抗衰老的目的。

二、适度运动，缓解慢性疲劳

锻炼身体应从个人的实际情况和外界环境条件的实际出发，确定锻炼目的，选择适宜的运动项目，合理地安排运动时间和运动负荷。

1. 选择适合自己的运动方式

（1）适合自己的爱好

运动必须每天坚持。如果自己不喜欢这项运动就会缺乏动力，会在运动中打折扣，往往没法坚持和保证质量。所以，从健康角度来选择适合自己的运动方式，首先就是自己比较喜欢。不管是跑步、游泳，还是瑜伽或登山，兴趣是第一位的。有了这个前提，运动才会成为自己愿意做的事。

（2）适合自己的体质

①身体瘦弱、脂肪少、肌肉力量不强、体力不佳的人，往往内脏器官也不太强健。可选择散步、快步走、慢跑等运动，逐渐增强

肌肉力量、身体耐力及柔韧度，然后再进行力量训练。

②有些人看起来瘦弱，但却有很多脂肪，肌肉力量和内脏器官的功能往往也不佳。适合这类人的运动包括步行、爬楼梯、跳绳、游泳等，可促进脂肪燃烧。

③对于体重在标准范围内，但其上臂部、臀部，以及腹部到大腿的脂肪超过标准的人，只要肌肉和关节没问题，可参加任何运动，如打球、游泳、自由搏击等。但如果不是经常锻炼，就不能突然参加剧烈运动。

④对于身体肥胖、各部位脂肪较多（肌肉相对较少）、体重过重、骨骼支撑能力弱，日常生活中爬几级楼梯就会“气喘如牛”的人，应多做有氧运动，如游泳，以消耗脂肪；也可经常做伸展运动，以强化肌肉和骨骼。但要注意的是，由于肥胖者都有高血压的倾向，因此在运动前应先测血压，并注意动作的正确性，不宜做过度剧烈的运动。身体状况不好时应停止运动，不可操之过急。

（3）适合自己的年龄

由于年龄的差异，身体器官的机能状态也不一样，所以对于运动健身的方式而言，在选择上当然也不尽相同。一般情况下，不同年龄段的机车乘务员应根据自身情况选择适合的运动方式。

对于青年机车乘务员，由于身体机能较好，适合选择一些能够大量消耗能量、强化肌肉，以及提高耐力、灵敏度及协调能力的运动。如打篮球、踢足球、拳击、搏击等。

对于中年机车乘务员，由于工作和生活压力比较大，且体质明显不如青年时期，会出现肥胖、高血压等一些慢性疾病，应选择既

能保持体形，又能提高肌肉弹性，维持机体平衡及协调性的锻炼方式，如乒乓球、羽毛球等。人到中年，不论男女，都要坚持每周不少于 3 次、每次 30 分钟的锻炼。但一定要注意，这里所说的锻炼不是上下班路上走了 30 分钟，而是到专门的运动场所进行体育锻炼，否则就很难达到该有的强度。应选择适合的运动环境，空气不好的地方不适合锻炼。运动时最好让自己多出点汗，因为大量的活动能增加血管弹性、消耗过多脂肪、降低心血管疾病发生的风险。一般建议，中年人运动时，将心率保持在 140~150 次 / 分为最佳。

机车乘务员的健身方式应多样化，保证每周或至少每个月都有力量、耐力、灵敏度和协调性的练习。比如，健身房的器械可以练力量，长跑可以练耐力，球类运动可以练习灵敏度和协调性。此外，男性还可以做一些对抗性运动，如搏击操，女性则可以做一些平衡练习。但要注意运动时尤其要做好防护，避免发生运动损伤。晨起最好不要锻炼，没必要每天强迫自己去，遇到天气不好的时候就歇一下。

（4）适合自己的目标

不同的运动项目有不同的健身效果，要想通过锻炼达到祛病强身的目的，就要“对症下药”。

①轻松舒缓的健身项目，如打太极拳、散步等，对高血压、心脏病的防治效果较好。

②散步、有氧体操、跳舞等项目较适合糖尿病患者。如果健身活动与用药、饮食相配合，其防治效果可以显著提高。

③体育活动是帮助减肥、控制体重的重要方法。要减肥，必须进行长时间的中、低强度的体育活动才能获得较好的效果。像长跑、长距离走路、跳绳、骑自行车等运动都是不错的选择。

2. 几种简易的室内健身运动

机车乘务员长期处于坐位工作，头部前屈，颈部血管轻度屈曲或受压，导致大脑的氧和营养供应不足，易引起头晕、乏力、失眠、记忆力减退等症状。伏案久坐，胸部得不到充分扩展，心肺功能得不到很好的发挥，就会使罹患心脏病和肺部疾病的概率增加；久坐还会使腹部肌肉松弛、腹腔血液供应减少、胃肠蠕动减慢，从而导致食欲缺乏、腹胀、便秘等。为了身体健康，可采用以下几种适合室内进行的简单方便、行之有效的健身方法。

（1）室内运动

①室内原地步行：可增强心脏功能，改善血管功能，促进新陈代谢，改善关节功能。

②室内原地跑：室内原地跑较原地步行运动更剧烈，因而更有益于心肺系统、内分泌系统及其他脏器的功能改善。

③爬楼梯：爬楼梯这项运动，对于在办公楼工作及在高层住宅居住的人们来说，是一项很好的健身锻炼。但要注意适度，不要导致膝关节过度磨损。

④原地开合跳：开合跳跃是一项以四肢肌肉活动为主的全身介

给性格开朗的朋友打电话

入的健身运动。跳跃节奏可由慢到快，每日可练 1~2 次，每次 2~3 组，每组 50 个开合动作。每组间歇 2~3 分钟，并做深呼吸，使四肢肌肉放松。

（2）坐姿运动

方法一：坐姿上肢运动

①梳头运动。用手指代替梳子，从前额的发际处向后梳到枕部，然后弧形梳到耳上及耳后。重复 20~30 次，可改善大脑血液供应，健脑爽神，并可降低血压。

②揉耳运动。左手横过头顶，手指捏住右耳尖，向上提拉 15 次左右；使用同样的方法换右手提拉左耳 15 次左右，两手揉捏耳垂 20 次左右，可达到清火益智、心舒气畅的效果。

③眼部运动。眼睛疲劳时，每隔半小时远眺窗外 1 分钟，让眼球上、下、左、右转动 10 次，然后再逆时针、顺时针各转动 10 周，最后闭眼，用手指轻揉眼部，这样有利于眼部肌肉放松，促进眼部血液循环。

④脸部运动。工间休息时，将嘴最大限度地一张一合，带动脸上全部肌肉以致头皮，有节奏地运动 30 次左右，可加速脸部血液循环，延缓局部各组织的“老化”，使头脑清醒。

⑤颈部运动。抬头尽力后仰，低头，下颌俯至胸前，使颈背肌

肉拉紧和放松，并向左右两侧抻拉，反复15次左右，可起到健脑提神的效果。

⑥胸部运动。屈肘侧举，向后扩胸15次左右，两手相握上举后振臂15次左右；双手扶胸，顺时针、逆时针各按摩10周左右，可使胸部伸展，呼吸通畅。

方法二：坐姿全身放松

①放松眼睛。闭目转动眼球：先顺时针转动6次，再逆时针转动6次。然后睁开眼睛向窗外绿色草坪或树木眺望2~3分钟。

②放松全身。将全身分为若干段，然后自上而下进行分段放松。其顺序为：头部→颈部→上肢→胸腹→背部→大腿→小腿。接着采用倒行放松的方式，自下而上分段放松。连续做3组。

③放松颈肩。坐在椅子上，缓慢地用力挺胸，使双肩向后张开，恢复原状后再反复做10~12次。然后做耸肩动作，左、右肩各做12次。

④放松手指。双手放在大腿上，掌心向上用力握拳，然后按拇指、食指、中指、无名指、小指的顺序依次伸开手指。反复做同样的动作，左、右手指各做12次。

⑤放松腿部。坐在椅子上，抬起脚尖，同时用力收缩小腿及大腿肌肉，然后用力抬起脚跟，小腿及大腿肌肉保持收缩15秒，然后放松，如此反复做5分钟。

（3）手指运动

手指运动简单易学，不需要任何场地。机车乘务员在工作之余，可以随时做手指运动，刺激穴位、缓解疲劳。

①虎口平击36次：刺激的是大肠经合谷穴。可预防及治疗颜面

每天至少安排一段放松时间

部位的疾病，如视力模糊、鼻炎、口齿疼痛、头痛等，同时还可预防感冒。

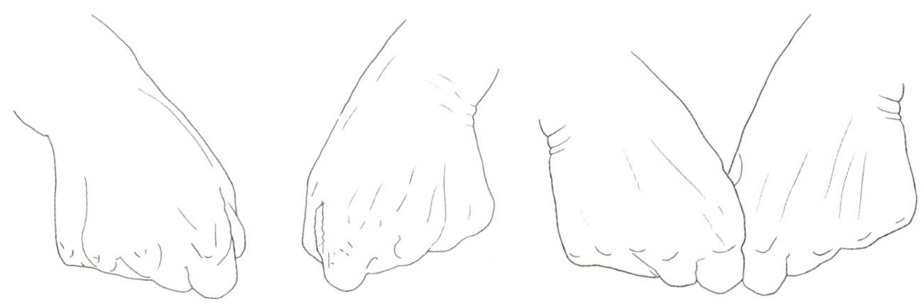

②手掌侧击36次：刺激的是小肠经后溪穴。可缓解头颈部疼痛、放松颈项肌肉群及预防骨质增生。

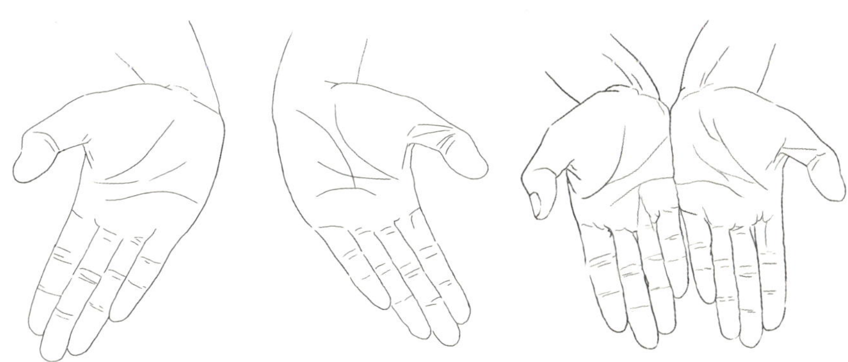

③手腕互击36次：刺激的是心包经大陵穴。可预防及治疗心脏病、胸痛、胸闷，缓解紧张情绪。

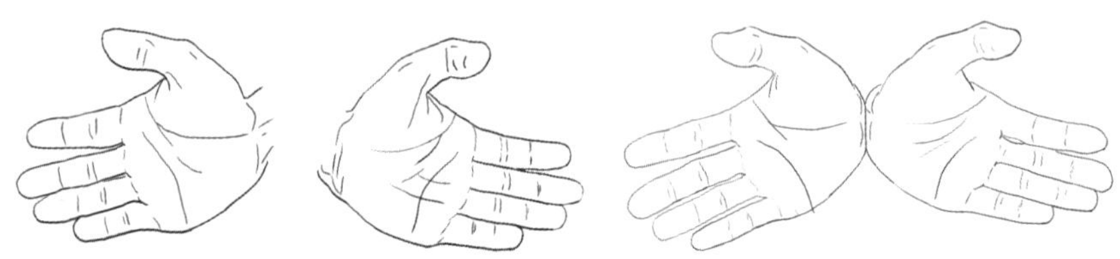

④虎口交叉互击36次：刺激的是八邪穴。可预防及治疗手麻、脚麻等末梢循环疾病。

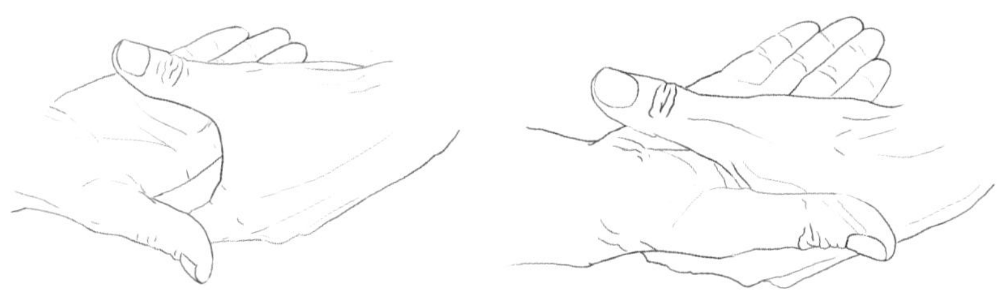

⑤十指交叉互击36次：刺激的是八邪穴。可预防及治疗手麻、脚麻等末梢循环疾病。

看一段喜剧小品

⑥左拳击右掌心 36 次：刺激的是心包经劳宫穴。可消除疲劳及提神。

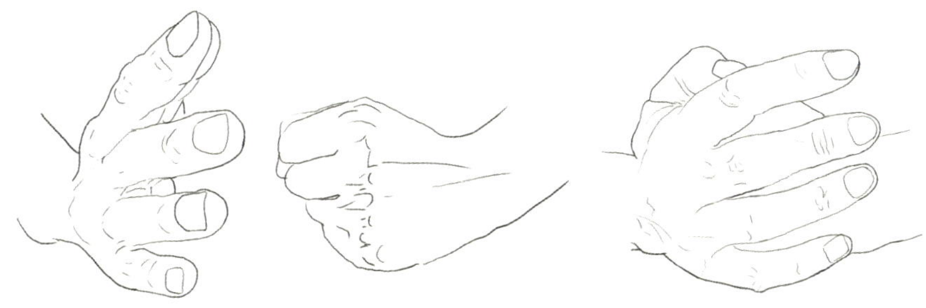

⑦右拳击左掌心 36 次：刺激的是心包经劳宫穴。可消除疲劳及提神。

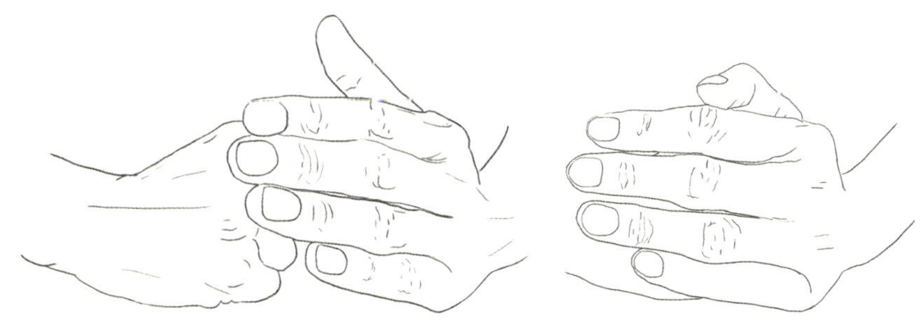

⑧手背互相拍击 36 次：刺激的是三焦经阳池穴和中渚穴。可调

节内脏机能。

⑨搓揉双耳 36 次：可促进眼部、颜面部及脑部等部位的血液循环。

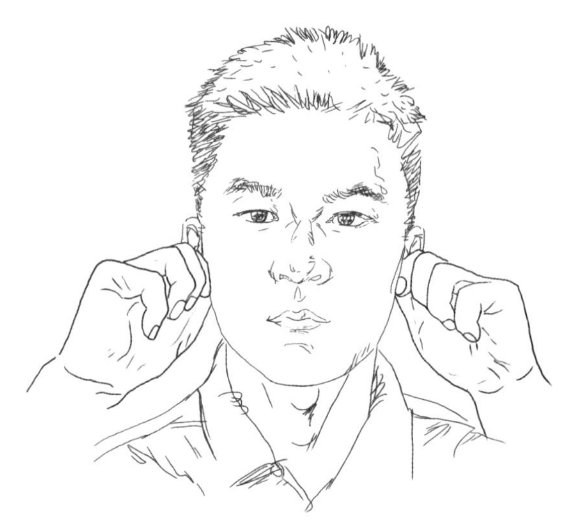

⑩手掌心互相摩擦 6 次至微热，轻盖双眼，眼球分别向左右转动 6 圈，可刺激眼部穴位，预防近视、老视及视力模糊。

发脾气前先数十个数字

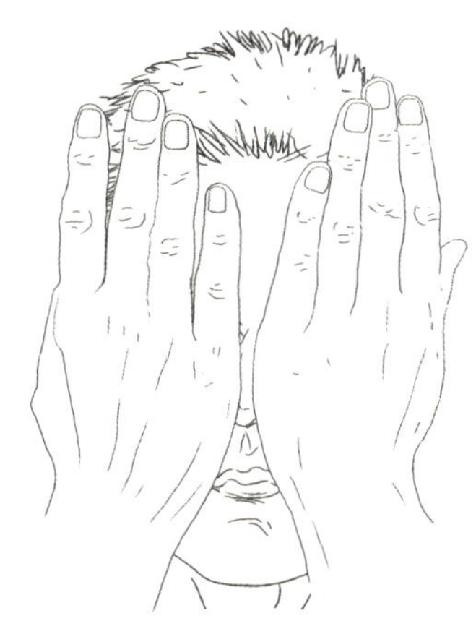

无论是室内运动、坐姿运动还是手指运动，都需要强调一点：锻炼身体要有连续性和系统性，只有经常参加体育锻炼，安排适合

自己兴趣、爱好的运动项目，科学地制订健身计划，才能增强体质。科学实验表明，不经常参加体育锻炼或中断体育锻炼的人，会使原有的身体机能、素质和运动技术水平明显下降。中断锻炼时间越长，身体机能、素质和运动技能水平下降越明显。同时，掌握一项运动技能也需要持之以恒。人的大脑中有大量的神经突触，必须通过固定形式的重复循环练习对这些突触连续进行某种刺激，才能在大脑中形成一整套固定反应，即动力定型。动力定型建立后，运动者就能习惯性地、熟练地完成一整套练习。如果不能坚持练习，已形成的条件反射就不能及时得到强化，进而会慢慢消退，动作记忆就不牢固。

三、调整心态，培养生活情趣

一个有良好生活习惯的人，也是一个有生活情趣的人。生活情趣是指人们对精神生活的追求，对生命快乐的感知和在审美感觉上的自足。通俗地说，就是指一个人的兴趣和爱好。

营造良好的工作环境和温馨的家庭氛围，离不开积极、阳光的生活态度。只有热爱生活的人才会积极培养兴趣、激发情趣。尽管外部环境不完全尽如人意，但我们自己可以学会调整心态，有意识地培养健康的兴趣爱好，如画画、打球、种花、摄影、旅游等。良好的生活情趣可以让人放松情绪、驱走疲惫、享受生活、陶冶情操，甚至提升人格魅力。正如哲学家罗素所说："一个幸福的人，以客观的态度安身立命，他具有坦荡宽容的情爱和丰富广泛的兴趣，凭借

一次只做一件事

这些情爱与兴趣，使他成为许多别人的情爱与兴趣的对象，便获得了幸福。”

【案例】青年机车乘务员“嗨翻八小时外”

秉承“认真工作、快乐生活”的准则，立足八小时外，服务青年职工。这是某机务段青年自发组织——“青年之家”成立的初衷。

机务系统青年职工自发成立、自主发展、自行运作了摄影协会、红娘社、弈篆社、舞线谱、篮球社、志愿服务队等 11 个社团，陆续开展丰富多彩的活动。

在这里，青年机车乘务员们互为师生，学习绘画、篆刻、声乐、舞蹈、运动、摄影等各项技能，展现自我、放松身心，缓解工作疲劳，提升自身素质，跟随社团培养起自己健康的兴趣爱好；也能够通过开展志愿服务活动贡献自己的爱心和才智，在奉献中升华情操、提升人格魅力。

第二节　职业性身心疾病的自我防治

一、职业抑郁的自我调整

抑郁情绪是对我们的生活失去了平衡的警示。因此，我们要采取一些方法，让我们在生理、情绪和精神上从不平衡中恢复过来，化解痛苦和恐惧，改变我们的思想和生活方式。无论是应对一般的情绪低落，还是较严重的抑郁，甚至是临床确诊的抑郁症，最为合理的治疗应结合多样化的心理指导，多种方式、多管齐下。

1. 认识抑郁

许多人在一生中都会有情绪抑郁的时候，就像人们都会得感冒一样。抑郁不过是一种心理性感冒，无论是生理性感冒还是心理性感冒，都是可以自愈的。医学研究表明，普通感冒 90% 以上是病毒所致，是自愈性疾病，无须吃药，只要注意休息，补充维生素 C，多喝水，3~5 天基本上就可以痊愈。只有当症状持续加重、高热不退、白细胞总数或中性粒细胞增高，或并发中耳炎、扁桃体炎、鼻窦炎等有明确的细菌感染时，才需要使用抗生素。但是使用哪种抗生素、如何使用，需要到医院诊治，在医生的指导下用药。而我们吃的感冒药主要用于减轻症状，并不能缩短病程。在大多数情况下都没有

必要使用抗菌药物。

同样，抑郁也是如此。心情不好并不意味着就是抑郁，每个人都会有不如意的时候。但从情绪抑郁到抑郁症之间的距离，并没有我们想象中那么遥远。持续 2 周以上的情绪低落，从而影响到工作，那就有可能生病了。就像乌云，不知不觉中占领了整片天空，越来越厚，最后压得人喘不过气来。即使发展为抑郁症，也只是像感冒加重了一样。调整心态、转移注意、增强自身抵抗力等措施对缓解抑郁有一定的效果。

抑郁症就是一次心灵上的感冒，每个人都有可能患上。当负面情绪和压力得不到及时排解和引导，就会加大抑郁症状，进而形成抑郁症。抑郁症必须借助一定的医疗手段来进行控制，单方面的药物治疗是不够的，有爱自己的家人，还有关心自己的朋友能一直提供帮助和理解也很重要。最重要的是不要畏惧。正确地面对抑郁症，才是解决的办法。经常锻炼也可以缓解抑郁。遇到自己无法解决的问题时，可以找信得过的朋友诉说，也可以寻求心理医生的帮助。不要害怕这是什么丢人的事，错过美好的人生才是最大的遗憾。

2. 认识自己

抑郁量表和抑郁自评量表有多种版本，如表 2-1 为美国国家心理健康研究所研发的 PHQ-9 量表。

表 2-1　PHQ-9 量表

1. 做事提不起劲或没有兴趣	0	1	2	3
2. 感到心情低落、沮丧或绝望	0	1	2	3
3. 入睡困难、睡不安稳或睡眠过多	0	1	2	3
4. 感觉疲倦或没有活力	0	1	2	3
5. 食欲不振或吃太多	0	1	2	3
6. 觉得自己很糟，或觉得自己很失败，或让自己或家人失望	0	1	2	3
7. 对事物专注有困难，例如阅读报纸或看电视时不能集中注意力	0	1	2	3
8. 动作或说话速度缓慢到别人已经觉察，或正好相反。烦躁或坐立不安、动来动去的情况更胜于平常	0	1	2	3
9. 有不如死掉或用某种方式伤害自己的念头	0	1	2	3

注：在过去的两周里，你生活中以上症状出现的频率有多少？把相应的数字总和加起来。

0= 完全不会　1 = 好几天　2= 一半以上的天数　3= 几乎每天

读者可以用这份量表进行打分，但要注意对分数的解读会因为年龄和文化背景而有所不同。一般来讲，如果得分在 5~9 分，可能有轻微抑郁；10~14 分可能有中度抑郁；15~19 分可能有中重度抑郁；高于 20 分则表明目前可能处于重度抑郁之中。但请记住这些问题和分数只是判断目前情绪的一种办法，不是一锤定音，也绝不是说患病了。可以每隔几个月做一次抑郁自评，以观察自己世界观及情绪的变化。

幸福不在于得到的多，而在于要求的少

3. 坚持正常的活动

坚持工作、维持日常生活是防治抑郁的重要步骤。一个简单的方法是制订计划表，将大事分割成小块，一次只做一件事。有计划地做些能够获得快乐和增强自信的活动，如打扫房间、读书、听音乐、逛街等，并每天安排一段时间进行体育锻炼。也可以多交些可以倾诉衷肠的风趣幽默的朋友，养成和朋友经常保持接触的习惯，寻找一个倾听者陪伴和鼓励，循序渐进地克服原来的消极情绪和思维模式，减轻抑郁情绪。

二、职业焦虑的自我缓解

1. 化解焦虑心态

面对焦虑情绪，可以通过自我心态的调整来化解。

（1）努力增强自信

自信是治愈神经性焦虑的前提。面对焦虑，我们首先要培养自己的自信心。

①准备几张小卡片，写下自己的优点。在焦虑或抑郁时，拿出来读一下，这是一种对信心的即时强化。开始时也许只能写出几个

优点，坚持一段时间之后，就会积少成多，自信心在这个过程中也会不断提高。

②把别人的贺卡、对自己的赞美及曾经得到的奖状放在触手可及的位置，在焦虑或抑郁时翻出来看一看，会对自信心恢复有好处。

③习惯挺胸抬头。心理学研究表明，人的姿势和人的内心体验是相适应的，姿势可以和心理体验相互促进。自信的人总是昂首挺胸、意气风发；而自卑的人则习惯表现得无精打采、垂头丧气。因此，习惯于昂首挺胸，会让人逐步找回自信。

（2）学会自我暗示

暗示是用含蓄、间接的方式对人的心理和行为产生影响，从而使人按一定的方式去行动或接受一定的意见，使其思想、行为与自己的意愿相符合，因此可以极大地诱发人的潜能。著名心理学家巴甫洛夫指出，暗示是人类最简单、最典型的条件反射。语言或环境的暗示，能够使人很快地进入一种状态，这种状态能够带来认知、情感以及行为方面的转变。

①自我暗示的作用。

自我暗示对人的心理作用很大，有时甚至会创造奇迹，让我们“心想事成”。苏联一位天才的演员N.H.毕甫佐夫，平时老是口吃，但是他通过利用积极的自我暗示，暗示自己在舞台上讲话和做动作的不是他，而是另一个剧中的角色，这个人是不口吃的。结果奇迹发生了，他在演出中克服了口吃的毛病。

②积极暗示。

暗示分很多种类。从作用上讲，有积极暗示与消极暗示之分。假设我们不小心遗失1000元钱，那么，我们会有什么样的心理反应

尝试让芳香的气味围绕着自己

呢？一种反应是：唉，我是一个倒霉的人，为什么我总这么倒霉呢？这是一种消极的自我暗示，由于存在这样消极的想法，我们会难过，心里会有一段时间不舒服。另一种反应是：唉，怎么丢了呢，就算破财消灾吧。这是一种积极的自我暗示，由于接受了这个应激事件并转化了烦恼，心情就会慢慢变得舒畅起来。

参加晋升考试的机车乘务员，如果持续保持一种积极的自我暗示，告诉自己：通过努力一定可以达到目标，这种积极的心态会克服考试带来的焦虑，进而改变个体对考试的认知恐惧。

在我们的一生中，可能会面临很多突发的应激事件，当我们要参加某种活动前或面临竞争之时，注意不要受到消极的环境暗示、言语暗示和他人的行为暗示，而应适当用积极的自我暗示使自己获得勇气，增强自信，争取意想不到的效果。告诉自己：我可以，我不怕，我坚持……

③设置暗示“触发器”。

可以采取一些动作进行自我积极暗示。如考试紧张时，为自己设置一个祈祷动作，这就是一个“触发器”，只要作出这个暗示的动作，就可以达到一种特别的心理舒畅状态。

④倾诉。

自我暗示也可以是倾诉，即向他人倾诉自己的痛苦。受挫后如果将失望、焦虑的情绪埋藏在心里，就会凝聚成一种失控力，它能摧毁肌体的正常机能，导致体内毒素滋生。适度倾诉，可以收到意想不到的效果。

⑤运用优势比较法。

首先，去想一想那些比自己受挫更大、困难更多、处境更差的人。通过挫折程度比较，调整自己的失控情绪和状态，使其逐步转化为平心静气。其次，寻找分析自己没有受挫的方面，即找出自己的优势点，强化优势感，从而提高挫折承受力。我们要认识到事物是相互转化、辩证统一的，挫折同样蕴含力量，挫折能激发潜能，要正确面对挫折，挖掘自身潜能。

在第三章，我们还会介绍更系统的“心理暗示”训练方法，在团体心理辅导中与自我暗示训练相互补充，以增强我们的自信。

总之，在生活中经常采用积极的自我暗示，可以帮助我们战胜困难和恐惧，快乐地生活，有时还能创造奇迹。

（3）学会宽容和感恩

与人相处时，要有容人之量，学会宽容和感恩，做到求同存异。

①学会发自内心的微笑，习惯于积极主动地与人交往。不要抱怨麻烦总是落在自己头上，用一颗感恩的心来面对世界，感谢困难增长了我们的智慧，提高了我们的能力，磨炼了我们的意志。生活必将因此更加丰富、更加有意义。

②认可并学会助人为乐。心理学研究表明，一个人在帮助他人的过程中，能够获得满足感和成就感，可以从一定程度上实现自我价值。助人的心态也有助于人们克服自私、斤斤计较等不良情绪。

③学会正视现实，坦然面对生活中的所有挑战和不如意。这种

亲近大自然

积极的生活态度是必需的，一味回避只会加重心理负担，使得情绪更为紧张。现代社会的高效率必然会带来较强的竞争性和挑战性，要坦然地接受来自社会各方面的压力，努力塑造一个强大的自我，理直气壮地面对生活。

（4）学会享受生活

缓解焦虑的另一种有效的方法是享受生活、追寻快乐。一段美妙的音乐、一顿丰盛的晚餐、一次倾心的交谈、一个成功的创新、一次浪漫的远游等，都可以使人感受到一种发自内心的愉悦和满足，让人幸福感倍增。我们可以从生活中的每一个细节做起，通过自我心态的改变和调整，让焦虑彻底离我们而去。

2. 腹式呼吸练习

腹式呼吸练习非常有效。当我们感到焦虑或无措，陷入挥之不去的困扰、自责之中，总是觉得自己最近很糟糕、自己的情况无可救药时，可以采取腹式呼吸练习缓解焦虑。若焦虑情绪较重，每天可以多做几次。

具体做法是：找一把靠背椅，舒适地坐在椅子上，两脚放平，与肩同宽。挺直后背，让后背紧贴椅背。全身放松，慢慢闭上双眼，缓慢而深长地呼吸，用鼻子慢慢地吸气，用口呼气，在呼吸的过程中，让我们的腹部渐渐柔软下来；吸气时腹部鼓起，放慢速度用嘴呼气，放松面部肌肉，感觉腹部慢慢地凹下去。缓慢呼吸，体会精神集中和身体松弛舒适的感觉。反复多次，直到能够熟练应用。

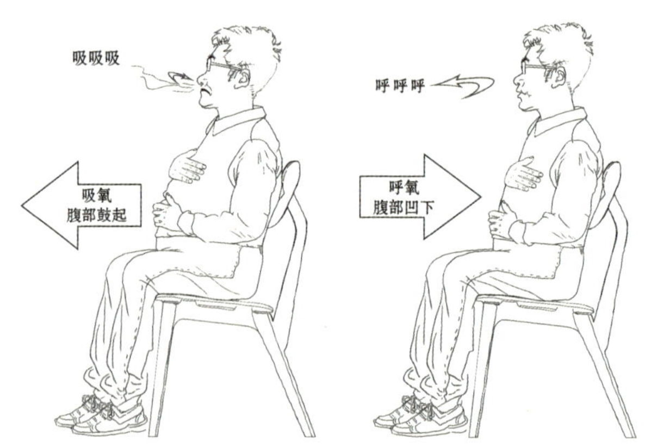

3. 正念练习缓解焦虑

正念练习能显著降低焦虑、预防抑郁复发，保持内心平和，提升幸福感，改善睡眠质量，降低血压，提高免疫力。

（1）什么是正念

正念源于冥想，是对当下体验的觉察，对当下的体验我们允许它、接纳它而不作任何判断、任何分析。正念练习反复训练当下的觉察与接纳，从而缓解日常生活和学习工作中的压力。

（2）正念练习的要点

正念练习的要点是觉察与接纳。觉察活动带来的体验，并接纳身体的体验。一方面是“觉察”：觉察当下所看到的画面、所听到的声音、所闻到的气味、尝到的味道，以及觉察当下我们身体的感觉、当下内心的活动（包括想法、景象等）。注意是觉察当下而不是回忆。

放下手机，读一本书

另一方面是“接纳”：当下任何的体验，尝试允许按照自己的样子存在，都去接纳，而不是去改变对自己当下的态度，这就是所谓“虽不能理解但要接受”。

（3）坐姿的正念伸展

①身体的正念伸展：以舒适的姿势坐在椅子上，配合腹式呼吸，感受吸气时气息进入身体后的鼓胀感，以及呼出气息后身体的轻松感，慢慢体会这种感觉的细微变化。缓慢举起双手在头顶处交叉，翻转后自然向上伸展，停留5秒钟，体验手臂伸展给身体带来的舒爽感觉；缓慢地将身体向左倾斜，停留在身体能够承受的程度，停留5秒钟；带着体验与觉察慢慢地回正身体；再将身体缓慢向右倾斜，停留在身体能够承受的程度，停留5秒钟；回正身体，恢复最初的坐姿。在这个过程中要始终保持缓慢而悠长的呼吸，不要挑战身体的极限，只是体验和觉察当下身体的每一种感觉与细微变化。

②头部的正念伸展：缓慢向左侧转头，眼睛尽量看向左后方，停留在身体能够承受的程度，停留5秒钟；体验和觉察身体的感受；配合腹式呼吸，缓慢回正头部，停留5秒钟；再缓慢向右侧转头，眼睛尽量看向右后方，停留在身体能够承受的程度，停留5秒钟；觉察呼吸，觉察身体的感受。

③腰部的正念伸展：缓慢屈曲手肘，将右掌心贴于腹部，左掌心贴在后腰处，仔细觉察两处掌心温度的差异；再缓慢将腰部向左

侧扭转，两手掌心随之滑动，同时缓慢向左侧转头，眼睛尽量看向左后方，停留在身体能够承受的程度，停留 5 秒钟，体验和觉察颈部、腰部、脊椎以及腹部的感觉；配合腹式呼吸，缓慢回正身体，恢复最初的坐姿，停留 5 秒钟。

再缓慢屈曲手肘，将左掌心贴于腹部，右掌心贴在后腰处，仔细觉察两处掌心温度的差异；缓慢将腰部向右侧扭转，两手掌心随之滑动，同时缓慢向右侧转头，眼睛尽量看向右后方，停留在身体能够承受的程度，停留 5 秒钟，体验和觉察颈部、腰部、脊椎以及腹部的感觉；配合腹式呼吸，缓慢回正身体，恢复最初的坐姿，停留 5 秒钟；始终缓慢而悠长地呼吸，不要挑战身体的极限。

④肩部的正念伸展：以舒适的姿势坐在椅子上，配合腹式呼吸，双手自然下垂，缓慢耸肩，以顺时针方向带动双肩向上→向前→向下→向后，缓慢旋转 5 次；缓慢放松身体；缓慢耸肩，以逆时针方向带动双肩向上→向后→向下→向前，缓慢旋转 5 次；缓慢放松身体，恢复最初的坐姿，停留 5 秒钟。不要在乎动作是否标准。

⑤正念觉察与体验：轻轻闭上眼睛，放松身体，体验而不是想象此时此刻身体的感受；先体验右下肢的感觉：按照右脚→右小腿→右膝盖→右大腿的顺序；再体验左下肢的感觉：按照左脚→左小腿→左膝盖→左大腿的顺序；体验躯体的感觉：按照从腹部到胸腔的顺序；体验右上肢的感觉：按照右手→右手腕→右小臂→右手肘→右臂的顺序；体验左上肢的感觉：按照左手→左手腕→左小臂→左手肘→左臂的顺序；体验肩颈部和头部的感觉：按照肩部→颈部→头部的顺序。感受身体每一个细微的感觉，觉察每一次缓慢而悠长的呼吸。

冬天洗个热水澡，夏天洗个冷水澡

总之，正念练习是温和、友善的，动作是否到位不是那么重要，主要是保证在安全的前提下，关注并觉察身体当下的感觉。经常做正念练习，学习聆听身体“发出”的声音，焦虑情绪会得到极大缓解。

三、职业性胃病的防治

饮食不规律是机车乘务员的通病。调查数据显示：接受调查的机车乘务员中只有 23.3% 的人饮食基本规律，26.1% 的人饮食偶尔不规律，39.5% 的人饮食经常不规律，11.1% 的人饮食一直不规律。有多达 50.6% 的机务系统职工饮食经常不规律或一直不规律，由此就很容易出现胃痛、胃胀、食欲不振等职业性胃病。

1. 职业性胃病的成因

（1）精神紧张

一个人在紧张、烦恼、愤怒时，其不良情绪可通过大脑皮质扩散到边缘系统，影响自主神经系统，直接导致胃肠功能失调，分泌过多的胃酸和胃蛋白酶，使胃血管收缩、幽门痉挛、排空障碍、胃黏膜保护层受损，造成自我消化，形成溃疡。

（2）酗酒无度

酒精本身可直接损害胃黏膜，酒精还能引起肝硬化和慢性胰腺炎，反过来加重胃的损伤。

（3）过度疲劳

无论是体力劳动还是脑力劳动，如果疲劳过度，就会引起胃肠供血不足，分泌功能失调，胃酸过多而黏液减少，使黏膜受到损害。

（4）饥饱不均

饥饿时，胃内的胃酸、胃蛋白酶没有食物中和，浓度较高，易造成黏膜的自我消化。暴饮暴食又易损害胃的自我保护机制，胃壁过度扩张、食物停留时间过长等都会造成胃损伤。

（5）幽门螺杆菌感染

幽门螺杆菌感染是胃和十二指肠溃疡的重要诱因之一。在溃疡患者中，幽门螺杆菌的检出率高达70%~90%，而溃疡病治愈后，该菌亦消失。溃疡患者可通过餐具、牙具以及接吻等密切接触传染，不洁的食物也是感染的原因之一。

（6）晚餐过饱

有些人往往把一天的食物营养集中在晚餐上，或者喜欢吃夜宵或睡前吃点东西，这样做不仅易失眠，还易导致肥胖。此外，还可因刺激胃黏膜使胃酸分泌过多而诱发溃疡。

（7）滥用药物

因为工作繁忙，有些职工胃痛就去买止痛药吃，这不仅解决不了胃的问题，还容易使胃病加重。止痛药一般都是解热镇痛剂，内含阿司匹林、咖啡因等，对胃黏膜有直接刺激作用，并能促进胃酸

宁苦干，不苦熬

分泌，造成胃酸再次对黏膜及溃疡产生强烈的刺激，使胃肠炎症加重，甚至溃疡出血。此外，阿司匹林等消炎药物本身就伤胃，有可能导致胃溃疡出血。吲哚美辛（消炎痛）、利血平等药物同样对胃黏膜有刺激作用，应在医生指导下谨慎服用。

（8）狼吞虎咽

食物进入胃内，经储纳、研磨、消化，将食物变成乳糜状，才能排入肠内。如果咀嚼不细、狼吞虎咽，就会增加胃的负担，延长停留时间，可致胃黏膜损伤；细嚼慢咽能增加唾液分泌，从而使胃酸和胆汁分泌减少，有利于胃的保护。

2. 职业性胃病的调理

如何调理肠胃呢？除了不熬夜、作息规律之外，还要做到少食辛辣食物、饮食有规律、少食油腻食物等。

（1）少吃硬度较大的食物

这里说的少吃并不是说不能吃，可以少吃，但是一定要记得充分嚼碎。肠胃不好的时候，可以喝一些粥，选择进食易消化的食物，如小米红枣南瓜粥等。

（2）少吃生冷、辛辣食物

对于肠胃不太好的人来说，吃辛辣刺激的食物不但不利于肠胃恢复，反而更容易刺激肠胃，引发一系列的疼痛。如果就餐时吃了辣，可适当多喝一点水，饭后再增加一些豆制品或者奶制品来用蛋白质中和辣味的刺激。

（3）少吃高热量、油腻的食物

油炸鸡腿、鸡翅、猪排、油条、红烧肉等高热量食物虽然美味，但对于肠胃功能比较弱的人来说，吃进去的大量油脂很难被分解，就会造成食物堆积，从而出现消化不良、胀气等肠胃问题。应选择一些清淡的食物，还可适量补充一些黑芝麻糊、藕粉、豆奶粉或酸奶。

（4）多吃有利于肠道消化的食物

五谷杂粮是养胃的好帮手，可每天早上喝一碗粥。适量食用豆制品，因为食用过多容易胀气。还可以考虑水蒸蛋、鱼汤、排骨汤等。但汤中只有少量营养，为了达到补充蛋白质的目的，汤和肉可以一块食用。

四、颈椎病的预防方法

1. 颈椎病的症状

造成颈椎病的原因众多，其根本原因在于颈椎不恰当的活动，而最常见的不恰当活动就是长期低头。颈椎不恰当的活动会导致两个结果：一是人体局部的代偿以及代偿反应本身带来的病症；二是代偿失衡后带来的病症。

为自己做一份美食

①局部代偿表现为肌肉长期不恰当做功，最终导致肌肉劳损，出现颈部疼痛；颈椎关节增生也可以造成颈痛。这两种症状表现为颈型颈椎病。

②代偿失衡主要表现为颈椎间盘突出。颈椎间盘突出压迫神经根，造成上肢及后背麻木、疼痛、力量下降，表现为神经根型颈椎病。

③椎间盘突出压迫脊髓，造成脊髓信号传导障碍，出现上肢肌张力增高、步态不稳，双下肢有踩棉花感，表现为脊髓型颈椎病。

④由于颈椎间盘突出，离开了应有的位置，使得颈椎椎体之间的联结变弱，导致颈椎活动时不稳定，这种不稳定会刺激颈椎旁边的交感神经节，反射性地引起头、颈、胸、上肢部位的症状，以及血压升高等，表现为交感型颈椎病。

⑤颈椎不稳、关节骨质增生、交感神经受刺激，都可以刺激椎动脉，使动脉痉挛，发生眩晕、黑蒙等症状，表现为椎动脉型颈椎病。

2. 如何判断是否得了颈椎病

颈椎病的诊断精细而复杂，需要综合病史和多项影像学检查，才可以确诊患有颈椎病以及属于颈椎病的哪一种分型。但是，仍然有一些小的方法和动作，可以简单地判断是否得了颈椎病。

一是出现手麻、上肢电击样痛，或者步态不稳，脚底有踩棉花感，出现此类症状高度怀疑颈椎病，需立刻到医院就诊。

二是请家人协助，一手推动患者头部，另一手握住患者的腕部，沿反方向牵拉，如感觉疼痛、麻木，则提示有颈椎病。

三是颈部拔伸试验：请家人将双手张开，拇指扶住患者枕部，食指扶其下颌，腕部置于双肩，轻轻向上提起约 20 秒后，轻轻松开，如患者感觉颈及上肢疼痛减轻、眩晕减轻，或者自觉耳聪目明、头部轻松，提示之前的不适可能是颈椎病造成的。

3. 如何预防颈椎病

防止长期低头是预防颈椎病的最好方法。比如不要长时间看手机，工作一段时间后起身活动，做颈椎操，佩戴颈椎支具或矫形支具等。需要注意的是，低头是相对于人体姿势而言，比如在床上平卧时，枕头太高会造成颈部屈曲过大，实际上也是一种“低头”，因此，选择一个舒适的枕头也很重要。

（1）佩戴颈椎支具是预防和治疗颈椎病的有效方法。颈椎支具又叫“颈托”，可以让颈椎处于一个正确的姿势，帮助颈椎康复；颈椎支具还可以稳定颈椎，防治由于颈椎不稳定造成的颈椎病。

（2）牵引是另一种治疗颈椎病的有效方法。牵引可以将颈椎牵开，减轻椎间盘对其他组织的压迫，增加颈椎的稳定性。牵引重量为患者自身体重的 1/10~1/5，持续时间通常为 20~30 分钟。需要注意的是，牵引必须在医生指导下进行，牵引前后须佩戴颈椎支具，以维持牵引的治疗效果。

饭后百步走，活到九十九

4. 手术治疗颈椎病

患上颈椎病一般首选保守治疗。保守治疗无效或效果不明显的颈椎病，或者医生判断神经脊髓压迫严重，则需要手术治疗。如果符合手术的标准，一定是越早做越好。医生建议进行手术，说明病情已严重到一定程度。神经受压迫的时间越长，功能受损就越严重，手术后恢复得就越慢。如果尽早做手术，神经功能也就恢复得越快。当然医生也会根据患者的实际情况来制定适合的手术方案。

手术可以治疗绝大多数颈椎病：对于严重椎间盘突出、压迫神经的患者，可以行前路手术小切口摘除颈椎间盘，或者行后路颈椎内镜下微创局部神经根减压；对于多节段椎间盘病变、椎管狭窄的患者，可以行前路小切口多节段椎间盘摘除，也可以行后路小切口椎管减压；对于颈椎不稳定的患者，可以行微创椎弓根钉或微创侧块螺钉内固定术。

随着手术技术的发展，脊柱内镜和手术显微镜等器械的广泛使用，绝大多数的颈椎病手术都可以在微创或小切口下进行，极大地减少了患者的手术风险和痛苦。但任何手术都存在一定的风险，颈椎手术也不例外，有时可能还会伴随术后后遗症。值得注意的是，手术治疗颈椎病也不是一劳永逸的，如果不杜绝不良生活习惯，颈椎病仍然会再次“造访”，并且可能比上一次更为棘手。做过颈椎手术者，更要在生活中注重预防。

第三节　自我解压的方法

缓解压力的方法不是一成不变的，它因时、因地、因人而异，但又有规律可循，那就是让身心彻底放松。情绪自我调节法、音乐减压法、睡眠减压法、运动减压法、饮食减压法、放松训练减压法等，已被证实是行之有效的放松方法。尝试各种不同的释放压力的方法，可以帮助我们找到一个适合自己并且可以经常使用的方法。

一、情绪自我调节法

在工作中，无处不在的压力令我们无法逃避。在承受压力时，我们往往会失眠、愤怒、恐惧或抑郁，各种疾病也接踵而至。机车乘务员长期在一个环境复杂、工作要求高、工作性质单一重复的条件下进行劳动，且劳动条件、生活环境、营养状况及精神文化生活等均有其特殊性，构成了一个特殊的职业人群。所以，很有必要帮助他们掌握一些简单易行的情绪调节方法，释放其不良情绪，保持心理健康和身体健康。

1. 重视不良情绪的影响

在工作中，常见到有些人脾气急躁，为区区小事大动肝火；有些人则遇事沉着、冷静处理；也有些人碰上高兴的事激动不已，甚至彻夜不眠，而碰上不如意的事则烦恼忧愁、悲观失望。常言道，

知足常足，终身不辱

人非草木，孰能无情。人们对待客观事物，总会表现出喜怒哀乐和或爱或恶或惧等感情。这种感情的表露，也就是通常所说的情绪。

情绪与健康有密切的关系。调查研究表明，良好的情绪可以使生活幸福、愉快，健康长寿。相反，不良情绪则容易导致疾病。据统计，食管癌患者中 56% 以上有忧虑、急躁的消极情绪。专家据此指出，不良情绪可能是癌细胞的促活因素。据北京安定医院调查，有悲观失望情绪的人，精神病和抑郁症患病率最高。传统医学认为："怒伤肝，喜伤心，思伤脾，忧伤肺，恐伤肾"。现代医学也认为，情绪的剧烈波动，会扰乱大脑的功能，引起机体内生理功能失调和生物化学因素发生变化，如瞳孔缩小、血压升高、呼吸或急或慢、消化腺分泌抑制、血液黏度和构成成分改变等。这一系列的失常现象，很明显地会影响健康。

即使情绪的剧烈波动持续时间短暂，但给人体带来的不良影响往往会延续很长时间。如果不良情绪持续很久，还可能造成神经系统功能严重失调，导致神经官能症，甚至神经错乱。因此，机车乘务员要善于用理智去控制情绪，注意调整自己的喜怒哀乐。

2. 情绪的自我控制法

（1）情绪隔离法

在紧急情况下或者比较重要的场合，我们可以用情绪隔离法控制自己。例如在出乘前，机车乘务员与家人发生口角，可能感到沮丧、委屈，而带着情绪上岗，不但会造成工作失误，严重者还可能诱发事故。此时，乘务员可以在心里默数十个数字，从“十”倒数至“一”，告诉自己，数完这十个数字，就什么也没有发生，也无须因此做什么。此时，那些不愉快的情景并不是被遗忘了，而是与该情景有关的联系被阻断了。简单而言，就是把内心产生的负面情绪给隔离掉，一心一意面对当下。

但隔离掉的情绪只是暂时被压制了。情绪是一种能量，它还在内心里流动。下次遇到类似的刺激，又会再一次爆发出负面的情感。而且长时间的情感隔离，可能会导致人出现外在表情冷漠但内心情感澎湃的矛盾。因此，情绪隔离法只能应急，还需要辅助认知改变法和情绪宣泄法共同使用。

（2）写情绪日记

买一本易于携带的日记本，每天记日记。想到什么就写什么，每天都写，即使只写：“我没什么好说的。”

写情绪日记能使我们更好地了解自己。如果没有勇气去面对现实，竭力压抑、否认自己的情绪，这些情绪往往会在意想不到的时间、场合，以更大的强度爆发出来，我们反而会受其控制。因此，我们要常常自省，了解情绪、处理情绪。借助情绪日记，帮助我们内省、审视和思考。

（3）“零极限”控制情绪

“零极限”法的宗旨是：我们无法控制每一件事情，但我们可以疗愈；发生在我们生命中的事情并不是我的错，但它们是我的责任。不要责怪任何人或任何事，我们能做的是负起责任，去接纳它、拥抱

适度休息，磨刀不误砍柴工

它、爱它。“对不起、请原谅、谢谢你、我爱你”这四句话是“零极限”经典的情绪清理工具。

“对不起”：是指我愿意坦然面对、接纳我所有的认知和行为，自己对发生的事情负百分之百的责任。

“请原谅”：是指我将这个错误投射到他人身上，请让我收回投射，宽恕我，我也宽恕自己。

“谢谢你”：是深深感恩，相信所有问题都会得到最好的解决。

“我爱你”：爱你，也深深爱我自己；我接纳你，也全然接纳我自己。

对自己重复这几句话，可以慢慢平复我们的不良情绪，学会爱自己、原谅自己和感谢自己。

二、音乐减压法

音乐可以陶冶情操、抒发情感，对减压有着不可忽视的作用。音乐是一定频率的声波振动，能对细胞产生共振，使各器官节奏协调一致。音乐可以转移和化解人们的心理焦虑，使人产生愉悦的感觉。音乐还可以通过内分泌系统，进一步对人体机能进行调节，比如，促进血液循环、促进胃肠蠕动及唾液分泌、加强新陈代谢等，从而使人精力充沛。机车乘务员在工作之余，用音乐减压是一种较好的放松方法。

1. 乐曲的选择

音乐对神经系统有积极的调节作用，不同的乐曲对人体的作用不尽相同。所以要针对工作性质的不同和紧张程度，选择合适的音乐。

①长时间脑力劳动后，听一听节奏明快、优美的轻音乐，能使人很快放松下来。如《军港之夜》《摇篮曲》《催眠曲》及大自然的波涛声和鸟鸣声，节奏舒缓、曲调低吟，可以放松身心、净化心灵。

②精神不振时可以听听节奏感强、富有激情的音乐，以增强信心，如现代流行音乐。

③用餐时可以听听《春风得意》《江南好》《花好月圆》《平湖秋月》等节奏平稳的乐曲，以达到消除疲劳、舒心理气和增强食欲的目的。

④如果刚进行过有强噪声的体力劳动，不要立即去听打击乐。

⑤逢年过节、尽情娱乐时，应注意控制情绪，不要过于激动地长时间听节奏感强的音乐，以免听觉器官负担过重而引起疲劳。

⑥做家务时，最好挑一些喜欢的歌曲播放，它会感染你的情绪，使家务琐事所带来的厌烦之感离你远去。

2. 音乐减压法的使用频率

每日 1 次或 2 次，每次 30 分钟。可以采取坐、卧、半躺等姿势，在每次开始聆听音乐前先休息 5~10 分钟，最好搓热双手，用掌心按

摩面部几分钟；或者双手轻轻地置于腹部，做几次深呼吸，闭目养神、抛开杂念，使自己全身心地融入音乐里。

音乐放松，可以愉悦身心、改善睡眠，使心理和身体达到平衡的状态。但若存在剧烈耳痛、头痛或情绪极度激动等状况，应暂时避免使用音乐放松。

三、睡眠减压法

压力往往来源于精神疲惫，良好的睡眠可以大大减轻压力程度。睡眠是一个人最重要的生理需要，其重要性仅次于呼吸和心跳。失眠会导致一系列精神疾病（如焦虑、抑郁）和躯体疾病（如高血压、糖尿病、心肌梗死、肥胖）。失眠的干预措施主要包括药物治疗和非药物治疗。医学界普遍认为，在应用药物治疗失眠的同时应当辅以心理行为治疗，即便是那些已经长期服用镇静催眠药物的失眠患者。

1. 睡眠卫生教育

当前药物干预仍然占据失眠治疗的主导地位，但就职业心理健康服务而言，目前可以采取的失眠心理干预主要是睡眠卫生教育。

大部分职工因为压力和生活不规律，以及对睡眠认识不足而导致失眠。只要我们认识到不良睡眠习惯在失眠的发生与发展中的重要作用，分析和找到形成不良睡眠习惯的原因，建立良好的睡眠习惯，就可以改善睡眠。睡眠卫生教育的内容包括：

①睡前数小时（一般下午 4 点以后）避免使用兴奋性物质（咖啡、浓茶等）；

②睡前不要饮酒，酒精可扰乱睡眠机制、干扰睡眠；

③睡前不要大吃大喝或进食不易消化的食物；

④进行有规律的体育锻炼，但睡前 1 小时应避免剧烈运动；也不要做容易引起兴奋的脑力劳动，或观看容易引起兴奋的书籍和影视节目；

⑤卧室环境应安静、舒适，光线及温度适宜；

⑥保持规律的作息时间。

2. 环境对睡眠的影响

（1）色彩

蓝色使人安定，通常被认为是最适合睡眠的颜色；紫色能够促进睡眠，提高睡眠的质量。浅蓝、浅绿、浅紫、粉红等浅色系能够使人平静、精神放松，是卧室中常用的色彩。最不适合睡眠的颜色有红色、橙色和黄色。红色使人亢奋，影响休息；而黄色对于眼睛的刺激大。

（2）灯光

视觉要素对于睡眠也有重要影响。卧室内的灯具应根据家具的颜色、风格而定，选择相邻色系和统一风格的灯饰。通常暖光源可

接纳不完美的自己

营造温馨、柔和的氛围，更适合于卧室。此外，卧室应设置和利用多种光源，打造温暖舒适的氛围。

（3）气味

清新自然的气味，可以帮助人体放松神经，快速进入梦乡。一般可以选择苹果等自然气味，或者自己熟悉的味道放置卧室内。应注意不要随便使用气味，以防睡眠不适。

3. 有助于睡眠的几点注意事项

（1）床

首先，床要舒适。床的宽度和长度要适宜，使人有足够的伸展空间。单人床至少要有 1 米宽，双人床至少要 1.5 米宽。床的长度比人的身高长 20 厘米即可。另外，床要软硬适度，软的程度要达到躺着时不窝到床中间。硬的程度要达到使髋部、肘部和肩部不感到疼痛。

（2）床上用品

合适的床上用品除了软硬适度的床垫以外，床上四件套也非常重要。面料、颜色、织法较好的四件套可以为我们带来整晚的舒适睡眠，相反，质量差的床上用品会影响睡眠质量。床上用品应具有极好的亲肤性、透气性和吸湿性，如天然桑蚕丝、天丝、竹纤维、长绒棉、醋酸纤维等材质就是不错的选择。除此之外，夏季应重点考虑吸湿性、透气性，冬季应考虑保暖性。

（3）卧室布置

①卧室除了尽量不选择红色、橙色、黄色等颜色外，还要尽量减少卧室内的灰尘。地毯以及其他织物容易扬尘，因此，卧室不应铺满地毯。

②尽量不要把花和其他植物放在卧室内。因为人对植物有不同程度的过敏反应，而这种过敏轻则影响睡眠质量，重则令人无法入睡。

③卧室的温度不宜过高和过低。20℃左右的室温最让人舒服，同时也是最佳睡眠温度。如室温超过25℃，人体散热就会受到影响，会感觉到热，此时睡眠会变浅，睡眠中醒来和翻身的次数会增多。当温度低于18℃时，人体向外散热加快，会感觉到冷；也不容易进入深睡眠。

④尽量保持室内湿度。冬季屋内有暖气的时候，要特别注意这一点。

⑤卧室里最好不要有亮光。但也有例外，有些人在睡觉时习惯于点亮光，因为他们害怕屋里漆黑一团。

⑥保持室内安静，减少噪声的干扰。

（4）睡眠的姿势

睡眠的姿势也很重要，不良的睡姿非但不能缓解疲劳，反而可能造成器官和组织的压迫。每个人都要根据自己的情况来选择正确的睡姿，错误的睡姿会造成落枕、腰疼，甚至会影响呼吸。例如，俯卧睡易引起颈部僵直、肩部不适等症状，增加肌肉、关节压力，还会压迫胸部。睡觉打呼噜、女性孕晚期、下背痛，不宜采用仰卧

行动是治愈恐惧的良药

睡姿，因为可能会加大阻塞性睡眠呼吸暂停综合征的风险。另外，患有胃食管反流的机车乘务员仰卧睡的时候要注意把头部垫高，以减少夜间烧心的发生。

此外，整个睡眠过程中保持不变的睡姿是不符合生理要求的。中国古代中医学经典著作《千金要方》提出："人卧一夜当作五度反覆，常逐更转"，意思是人睡觉时要不断地翻身改变睡姿，以免长期保持一种姿势，影响局部血液循环。

（5）睡前肌肉放松法

睡前练习肌肉放松有助于良好睡眠。具体步骤为：

①在一间安静、光线柔和的房间里躺下，掌心向上，两腿伸直，脚尖向外；

②闭上眼睛，轻柔地按照自己的节奏呼吸；

③绷紧脸部肌肉约 10 秒钟，放松；

④缓慢地向上抬头，放下；

⑤提肩 10 秒钟，放松；

⑥伸展手臂及手指，握拳 10 秒钟，放松；

⑦提臀，然后缓缓地放下；

⑧脚跟并拢，向外伸展腿和脚趾，然后完全放松。

每次入睡前，重复练习 5 次。坚持下去，必有收获。

四、运动减压法

运动之所以能缓解压力，让人保持平和的心态，与内啡肽效应有关。内啡肽是身体的一种激素，被称为“快乐因子”。当运动达到一定量时，身体产生的内啡肽能愉悦神经。适当的运动锻炼，还有利于消除疲劳。那么哪些运动能减压呢？

通常来说，有氧运动能平复情绪，使人全身得到放松。想通过运动缓解压力，可以参加一些缓和的、运动量小的运动，如跳绳、跳操、游泳、散步、打乒乓球等。运动时间为每天半小时左右。

为了达到放松身心的目的，可以选择自己喜爱的能产生愉悦感的运动。运动完毕后要及时洗浴，以防感冒。运动时间不要过长，避免过度疲劳或兴奋。

运动能够缓解压力，让人放松。工作中遇到压力，生活中遇到烦恼，为了排解这些不愉快，很多人都会选择通过运动来缓解。但是要注意，当带着巨大压力或不良情绪去锻炼时，不要为了发泄用力过猛或过度运动，以免造成肌肉韧带拉伤，或造成体力透支，诱发疾病，这样不仅缓解不了压力，反而会添加新的麻烦和压力。

五、饮食减压法

在身心健康中，身体健康是基础。有了健康的身体，心理的健康才有坚强的后盾。除了体育运动能够增强体质外，饮食和营养也是身体健康的一个非常重要的方面。我们可以用食物调理我们的身体机能，从而减轻压力。与情绪关系最密切的三类营养素包括钙、

是非天天有，不听自然无

镁等矿物质，B 族维生素和碳水化合物。

1. 钙、镁等矿物质

钙不仅和骨骼相关，还和神经系统的功能有关。钙缺乏时，神经系统处于过度兴奋的状态，很难达到宁静、耐心、坚韧的状态。小孩子缺钙会哭闹不停，成人缺钙时，容易出现急躁情绪、易激惹、神经质、情绪失控等问题。缺钙还会引起失眠，使人难以入睡。

钙的吸收需要维生素 D 的帮忙，所以维生素 D 缺乏也会影响情绪。维生素 D 的生成与阳光照射有关，而最奇妙的是，阳光本身就能抗抑郁。经常在阳光下活动，可减少患抑郁症的风险，使人更加豁达。

镁是另一种能够帮助人们对抗压力的营养素。摄入丰富的镁能让人抵抗精神压力带来的升压效果，减少压力激素的过度分泌，因而也被称为“抗压力营养素”。镁的丰富来源是深绿色叶菜、果仁、豆类和全谷类，还有少数水果，比如香蕉。

2.B 族维生素

①维生素 B_1：神经系统的能量代谢高度依赖维生素 B_1。维生素 B_1 缺乏时，人体不仅疲乏无力、食欲不振、消化不良，还会出现情绪沮丧、反应迟钝、感觉异常等神经系统症状。最新研究证实，维

生素 B_1 缺乏会增加老年人患抑郁症的风险。

②维生素 B_6：已知人体的情绪和多种神经递质有关，其中很多神经递质是从氨基酸转变而来的，而维生素 B_6 则为氨基酸代谢所必需。因此不难理解，维生素 B_6 缺乏的症状之一就是抑郁症。

③维生素 B_{12}：维生素 B_{12} 与神经鞘的合成有关，当它缺乏时，会出现思维能力下降、感觉障碍、精神错乱等情况，严重的甚至可能出现智力障碍。另外，维生素 B_{12} 缺乏的人也容易诱发抑郁情绪，还有可能出现牙龈出血症状。

④维生素 B_3，又叫作烟酸或尼克酸。维生素 B_3 缺乏会导致糙皮病。糙皮病的神经症状包括抑郁症、冷漠、头痛、疲劳、记忆丧失等，还可诱发偏执行为、自杀、幻听和幻视，严重时会引起痴呆和思维混乱。

3. 碳水化合物

有些机车乘务员采用节食的方式减肥，为控制能量摄入，很少吃淀粉类食物，这会导致易激惹、喜怒无常、烦躁不安、抑郁、失眠等情况的发生。因为碳水化合物摄入不足会造成神经系统正常活动所需要的能量缺乏。节食不当还会造成身体内营养素不足，如钙和 B 族维生素缺乏，会影响神经系统功能。另外，机车乘务员工作任务重时，往往忽略膳食营养平衡，常用方便面、快餐、膨化食品等来充当三餐，这类食品中含大量的钠盐，而钠元素不仅危害心血管系统，还可使人紧张、烦躁不安，情绪难以平复。另外，快餐类食物中钙、镁元素和 B 族维生素严重缺乏，而它们恰是对抗压力、

缓解情绪所不可或缺的。所以，机车乘务员无论是减肥，还是工作繁忙，都要在饮食上照顾好自己，合理膳食、平衡营养、粗细搭配，多吃新鲜的蔬菜和水果。

当然，放平心态、减少物质欲望，更有条理地安排好日常工作和生活，适度健身锻炼，经常接触阳光和大自然，学习人际相处的技巧，都是对抗压力，让机车乘务员更健康的有效措施。

六、放松训练减压法

放松训练是指身体和精神由紧张状态转向松弛状态的过程。放松主要是消除肌肉的紧张。在所有生理系统中，只有肌肉系统是我们可以直接控制的。这种自我调整方法，是通过机体主动放松来增强自我控制的有效手段。一般是在安静的环境中按一定要求完成特定的动作，通过反复地练习，使人学会有意识地控制自身的心理、生理活动，以达到降低机体唤醒水平，增强适应能力，调整因过度紧张而造成的生理、心理功能的失调，对身心疾病起到预防及治疗的作用。

放松可以通过呼吸放松、想象放松、静坐放松、自律放松等方法进行。

1. 放松训练时机

当压力事件出现时，紧张不断积累，压力体验逐渐增强。此刻，持续几分钟的完全放松比一小时的睡眠效果更好。除了压力测试外，还可以从身体、精神方面了解自己是否需要放松，以及何时放松最好。在身体方面，可以观察饮食是否正常、营养是否均衡、睡眠是否充足、有无适量运动等；在精神方面，可以观察处事是否镇定、注意力是否集中、是否心平气和。如果回答都为“是”，则说明比较放松；如果回答大部分为“不是”，那么需要借助放松训练来调整。

2. 放松训练方法

（1）想象放松

①选一个安静的房间，平躺在床上或坐在沙发上。

②闭上双眼，想象放松各部分紧张的肌肉。

③想象一个你熟悉的、令人高兴的场景，比如校园或是公园。仔细看着它，寻找细致之处。如果是花园，找到花坛、树林的位置，看着它们的颜色和形状，尽量准确地观察它。

④此时，敞开想象的翅膀，幻想你来到一个海滩（或草原），你躺在海边，周围风平浪静，波光熠熠，一望无际，你心旷神怡，内心充满宁静、祥和。

⑤随着景象越来越清晰，幻想自己越来越轻柔，飘飘悠悠地离开躺着的地方，融入环境之中。阳光、微风轻拂着你，你已成为景象的一部分，没有事要做，没有压力，只有安静和轻松。

⑥在这种状态下停留一会儿，然后想象自己慢慢地又躺回海边，

一念放下，万般自在

景象渐渐离你而去。再躺一会，周围是蓝天白云，碧涛沙滩。然后做好准备，睁开眼睛，回到现实。此时，头脑平静，全身轻松，非常舒服。

（2）渐进放松

①选择一间安静的房间，躺在床上或坐在沙发上。

②穿着宽松的衣服，调整姿势，尽量使自己处于舒服的状态。

③使右脚和右脚踝肌肉紧张，扭动脚趾，再放松，反复做几次，记住紧张和放松时的不同感觉。

④左脚和左脚踝重复同样的练习。

⑤收紧小腿肌肉，先右后左，重复紧张和放松的动作。

⑥收紧大腿肌肉，先右后左，体会大腿紧张是怎样影响膝盖和膝关节的。

⑦再收紧臀部和腰部，注意紧张和松弛两种状态的不同感觉。

⑧向上练习腹部、胸部、背部、肩膀的肌肉。

⑨练习前臂与手，进行抬起放下、握拳放松、先右后左的反复练习。

⑩最后放松颈部、面部、前额和头皮。

放松顺序也可以自上而下，每天花几分钟的时间练习，坚持下去，必有收获。

七、情感宣泄减压法

宣泄减压是一种将内心的压力释放出去，以促使身心免受伤害的方法。通过宣泄内心的郁闷、愤怒和悲痛，可以减轻或消除心理压力，避免精神崩溃，恢复心理平衡。机车乘务员由于工作环境特殊，工作中的压力和紧张状态往往会延伸到工作之外，他们更需要通过情感宣泄的方法排解身体与心理方面的问题。

1. 对不良情绪需要及时的宣泄

“喜怒不行于色”不宜提倡。如果压抑自己的情绪，不仅会加重不良情绪的困扰，还会导致某些心身疾病。因此，对不良情绪的疏导和宣泄是自我调节的一种好方法。当机车乘务员觉察到沮丧、烦闷等不良情绪时，可以采取自我宣泄法，即找一个空旷的山坡或者田野，大声歌唱、呼喊；或者去打球、跑步；或者听一听自己喜欢的音乐、看一看喜剧小品或相声；也可以求助于社会支持，比如与朋友聚一聚；或者向专业的心理咨询师寻求帮助。

2. 合理宣泄而不是迁怒于人

简单的打砸、吼叫、迁怒于人，找替罪羊或发牢骚、说怪话都是不可取的。宣泄应该是文明、高雅、富有人情味的交流。有人说，一份快乐由两人分享会变成两份快乐；一份痛苦由两人分担就只有半份痛苦。如果把自己的烦恼、痛苦埋藏在心里，只会加重自己的心理负担。而如果把心中的忧愁、烦恼、痛苦等向亲朋好友倾诉，

即使他们无法替我们解决，也会使烦恼和痛苦减轻许多。

八、转移注意力减压法

转移注意力减压的原理是：使大脑皮层产生一个新的兴奋中心，通过相互作用，抵消或冲淡原来优势兴奋中心（即原来的不良情绪中心）。因此，当我们的悲伤、愤怒、忧愁情绪发生时，可以先不去想或暂时遗忘，并通过运动、娱乐、散步等活动，使紧张情绪松弛下来，有意识地转移话题或是做点别的事情来分散注意力，不良情绪随之可以得到缓解。

比如，机车乘务员牵引一趟列车时，要观察和辨识大量信号、标志以及监控各种行车数据，必须严格完成各项操纵程序，不得有丝毫疏忽。而退乘之后，就要学会放下工作任务，转移注意力，充分放松自己。可以做运动、唱歌、跳舞、画画、郊游、看电影，也可以培养一些业余爱好，陶冶情操。

【案例】自我解压方法的综合应用

在为机车乘务员做职业心理健康服务的过程中，我们曾指导一名动车组司机综合应用一系列自我解压方法，成功消除了因压力过大产生的不良情绪和行为。在遵守心理咨询职业道德的前提下，我们对此案例做了改编，将成功经验与大家分享。

一名动车组司机在行车过程中遇到突发情况，因注意力不够集中预判错误、违章作业，受到了待岗学习3个月的处罚。之后的半个月里，他始终后悔不已，脑海中像过电影一样反复回放违章作业的场景，并伴随着紧张、焦虑、恐惧等一系列的负面情绪，出现怕见领导和家人，甚至借酒消愁的行为。在接受我们的指导后将情绪自我调解法、运动减压法、放松训练减压法和转移注意力减压法综合应用，取得了较为满意的效果。

一是学会情绪的自我控制。该同志通过写情绪日记找到不良情绪和行为的根源——不合理认知。“都是我的错、都是我无能”的不合理认知导致他不仅感觉在领导、同事面前抬不起头，就连期盼已久的同学聚会也因担心被瞧不起而未参加。找到不合理认知，才能真正改变。

二是放松训练。要求该同志练习腹式呼吸和进行渐进式肌肉放松训练，每周做6~10次练习，每次耗时半小时，每天1~2次，以全身肌肉能够迅速进入松弛状态为合格。

三是转移注意力减压配合运动减压。引导该同志觉察到自己的不良情绪后，即采用腹式呼吸和“零极限法”，默默重复“对不起、请原谅、谢谢你、我爱你”四句话平复情绪。如不在工作岗位，可到室外适度运动，因该同志平时很少运动，建议其跟随“八段锦”社团学习和锻炼。

经过3个月的自我减压训练调整，该同志建立了“人非圣贤，孰能无过”的合理情绪，接纳了被考核的现实，坚定了对工作和生活的信心，重新上岗后工作更加积极主动。

第三章 心理训练：团体心理辅导与危机干预

铁路运输站段职工特别是窗口服务人员、机车乘务员、安全员、各级管理者等，都是心理性职业病的易感人群。他们的工作可能是无数次的重复，还可能遇到棘手的突发的状况，这些都让他们的情绪一直处于紧张状态。如不加干预，仅依靠个体的力量无法解决职业心理健康问题。

心理危机干预是指在心理学理论下，对心理危机的个体或群体的一种短期的帮助行为。在维护职工身心健康、降低安全事故、改善干群关系、提高工作绩效、增加归属感和认同感等方面都有着积极作用。

第一节　情绪管理训练

调研显示，心理减压是重点，情绪调节是心理减压的关键。课题研究数据显示，铁路职工整体心理健康水平不高，尤其是躯体化、强迫症状、抑郁、焦虑等问题突出。因此，需要运用管理组织的力量，做好铁路职工的身心健康教育和心理干预工作，引导大家学会自我减压、塑造阳光心态、积极有效工作。特别是对机车乘务员进行预防性心理干预——开展情绪管理训练，很有必要。

一、情绪管理方法

1. 自我管理“4AS 技术”

当陷于苦恼、生气等负性情绪，出现行为冲动时，可以使用“4AS

不但要学会坚持，还要学会放弃

技术”来问自己五个问题，自我调整和控制情绪，然后作出行为改变。A：ASK 即反问、反思；S：STEP 即步骤。

第一个问题：“值得吗”；步骤一：自我控制。

第二个问题：“为什么”；步骤二：自我澄清。

第三个问题：“合理吗”；步骤三：自我修正。

第四个问题：“该怎样”；步骤四：自我调适。

如果自己不能掌握，也可以求助职业心理健康服务工作者，由专业人员帮助其反思和实施步骤。

2. 情绪干预“三栏表技术”（表 3-1）

心理学认为，人的认知可分为两种：理性认知和非理性认知。理性认知是指人们对客观真实世界的正确认识。非理性认知是指人们对客观真实世界持有不正确的想法与信念，通常包括扩大与夸张、个人化、极端化思考及过度类化。非理性认知是导致不良情绪的主要根源。

因此，可以在专业人员的指导下，“一对一”地帮助来访者找出其头脑中不现实的、不合理的错误、扭曲的观点，并帮助其建立较为现实的认识问题的方法，减少扭曲的认知所造成的情绪及行为的不良后果。

表 3-1　三栏表技术

情境	自动化思维	情绪及其强度
导致不愉快情绪的真实事件	写下出现情绪的自动化思维	a. 标明悲伤、焦虑、愤怒等 b. 为情绪的强度评分：0~100
1.		
2.		
3.		
4.		
5.		
6.		
7.		
参考问题： 你跟谁在一起？你在做什么？什么时候？你在哪里？		每一种情绪用一个词描述，比如：愤怒、抑郁、恐惧、厌恶、羞愧等

二、情绪管理团体心理辅导训练

团体心理辅导训练简称团辅训练，也称团体心理治疗。我们在机车乘务员中开展的团辅训练活动基本上是以体验式的课堂训练为主。机车乘务员们在设定的心理互动的过程中，彼此交往、相互作用、探讨自我、改善关系，尝试学习新的行为方式解决工作生活中的问题。这也是企业职业心理健康服务的最为常见的形式。下面介绍两种最常见的情绪管理团体心理辅导训练方式。

每天都要吃早餐

1. 心有千千结

（1）目的

营造团体心理活动的安全氛围。

（2）操作

①大家手拉手站立，围成一个圆圈，记住与自己左手、右手相握的人。

②播放欢快的音乐，请大家放开手随意走动，音乐一停脚步即停。身体保持不动，找到原来与自己左右手相握的人，原样拉手。

③此时小组中所有参与者的手都彼此相握，形成一个错综复杂的“手链”。播放舒缓的音乐，要求大家在手不松开的情况下，用各种方法，如跨、钻、套、转等（但手不能放开），将交错的“手链”解开，恢复成刚开始游戏时大家手拉手的大圆圈。

④团队分享。

（3）感悟

①接纳情绪。对待现实首先要保持接纳和顺其自然的态度。

②任何人之间本来是手拉手、亲密无间的，但随着时间的流逝，渐渐会出现问题，形成心结。

③当被要求不能松手而还原大圆圈时，大家会有畏难情绪，但最终通过观察分析、协调合作、共同努力解开了这个“千千结”。解

开心结需要信念、行动、倾诉和沟通，需要集体的力量。

2. 放松体验训练

（1）目的

讲解放松训练的要点，现场集体练习，掌握自我放松的技巧。

（2）操作步骤

第一步：紧张体验

体验的顺序依次为手臂、头部、躯干部、腿部。

①体验手臂紧张：右手平伸，握拳，不断握紧，使整个右臂极度紧张；左手重复右手动作；两手同时握紧拳，使双臂同时紧张。然后放松。

②体验头部紧张：皱起眉头，使前额肌肉紧张；皱起鼻子和脸颊，五官扭曲，使整个头部紧张。然后放松。

③体验躯干部紧张：双肩上耸，使肩部肌肉紧张；挺胸，使胸部肌肉紧张；拱起背部，使背部肌肉紧张；屏住呼吸，使腹部肌肉紧张。然后放松。

④体验腿部紧张：坐在椅子上，右腿向前用力蹬出，想象自己在蹬一堵墙，使右腿肌肉紧张；然后左腿向前，想象自己在蹬一堵墙，使左腿肌肉紧张；然后放松。

第二步：全身放松

可以让机车乘务员躺卧在垫子或舒服的椅子上，一边听轻音乐，一边跟着引导者轻柔的指导语进行想象放松：

①我仰卧在温暖的沙滩上，天很蓝、风很轻，沙子细而柔软。闭上双眼，阳光温柔地照在我身上，海浪的声音从远处传来，我感

哭泣也是一种疗愈

到温暖而舒适。温暖的海风吹来，又离去，带走了心中的思绪。说不出的舒畅感觉围绕着我。细沙柔软、阳光温暖、海风轻缓，阳光照着我全身，身体感到暖洋洋的。

②一股暖流伴随着阳光和微风，从我的头上，流进我的右肩，我感到温暖而轻松。我缓慢而悠长的呼吸，暖流流进我的右手，我感到温暖而轻松。我缓慢而悠长的呼吸，暖流流进我右臂，流进我的后背，从后背转到脖子，我感到温暖而轻松。

③我的呼吸变慢、变深。暖流流进我的左肩，我感到温暖而轻松。暖流流进我的左手，暖流流进我的左臂，我感到温暖而轻松。

④我缓慢而悠长的呼吸，暖流也变得轻松了，暖流流进我的双腿，我感到温暖而轻松。暖流流进我的双脚，又流回我的双腿，我感到温暖而轻松。

⑤我缓慢而悠长的呼吸，越来越深，越来越轻松。暖流流进我的腹部，我感到温暖而轻松；暖流流到胃部，最后流入心脏，我感到温暖而轻松。我的心里安静极了，已经感觉不到周围的一切，我悠然地躺卧在大自然中，十分自在。

⑥现在，微风又轻轻地吹来，让我们伴随着温暖的风，动一动脚趾、动一动双腿，动一动手指、动一动双臂，我感到快乐而轻松，我的身上充满力量，我的头脑无比清晰，回到现实，我有能力面对一切困难。现在，请大家睁开双眼。

想象体验训练后，要请大家分享感悟。

（3）感悟

①放松不仅是一种技术，可以使自己紧张的神经得到松弛；而且也是一种态度，可以举重若轻地面对人生。放松训练对增强机体的能量水准、消除消极情绪、养成积极的心态有着重要作用。

②正如没有经历痛苦就不会体验到快乐，没有经历紧张也不会感受到放松。放松前的紧张动作练习是为了更好地体验放松的感觉，放松感觉越强烈，人的记忆就越牢固。反复练习，就能迅速进入放松状态。

③所有的放松练习一定要与腹式呼吸配合好，整个放松过程要始终保持深、慢而均匀的呼吸。

【案例】压力和情绪管理团体心理辅导示例

一、团体名称：压力和情绪管理

二、团体性质：以发展性和学习性为主的团体

三、团体结构：非自愿性、异质性团体

四、参加对象：机车乘务员 10~20 人

五、时间：60~90 分钟

六、团体目标

①通过轻松活泼的游戏，帮助成员放松身心，缓解压力；

②帮助成员了解压力、评估压力，寻找主要的压力事件及会产生的相应情绪；

③通过团体成员的讨论与分享，寻找缓解压力、宣泄情绪的有效策略；

④通过成员相互激励与支持，增强应对压力、调节心情的信心。

行之有效的缓压方法

提醒自己：快乐和尽职是不能分开的

七、活动要求

①安静的有活动桌椅的宽敞的室内。

②参与者穿宽松的衣服、运动鞋。

③最好有防滑地垫，每人 1 张。

八、引导者 1 名、协助者 1~2 名

九、活动过程（表 3-2）

表 3-2　活动过程

序号	环节名称	目的	主要内容	时间	道具或要求
1	初见面	氛围轻松，消除心理防卫；初步放松情绪	1. 引导者介绍活动的目标、意义、要求等。 2. 团队成员互相介绍并微笑与其他成员握手	10 分钟	无
2	心靠近	团体成员之间相互熟悉，建立信任感；培养团体凝聚力和默契	游戏：心有千千结	10 分钟	无

续上表

序号	环节名称	目的	主要内容	时间	道具或要求
3	直面压力	促进成员认识自我，主动探索自我，洞察自己面临的压力和消极情绪；帮助成员将压力源具体化；帮助成员寻找缓解压力、宣泄情绪的有效策略	1. 压力光谱图。 2. 压力源具体化——《压力事件评估表》。 3. 讨论分享舒缓压力、宣泄情绪的方法	30分钟	1. 0~10的数字卡片。 2. 每人一份《压力事件评估表》、笔若干
4	学会舒缓	帮助成员舒缓压力，在音乐和娱乐活动中学会宣泄、释放压力	音乐放松训练	10分钟	音乐播放设备
5	爱的升华	感受团队的支持，感受团队的爱与力量；增强信心、拥抱希望	1. 合唱《我相信》。 2. 结束	10~30分钟	音乐播放设备

第二节　职业倦怠训练

职业倦怠主要表现为职业态度消极、缺乏耐心，对工作没有热情，对周围的人或事漠不关心，经常情绪低落、郁郁寡欢、烦躁易怒。工作中不能集中注意力，经常感到劳累疲倦，休息后不能缓解。对工作意义和自身价值的评价下降，感觉无所适从；成就感丧失，对前途感到无望，等等。因此，要从职业认同感和自信心确立两大方面加以训练。

一、职业认同感训练

增强职业认同感，是预防和消除机车乘务员职业倦怠的有效手段。心理学认为：职业认同感是指个人对于所从事职业的目标、社会价值及其他因素的评价，与社会对该职业的评价及期望是一致的，个体完全赞同或认可社会评价。机车乘务员的职业认同感会影响其忠诚度、成就感和事业心。

机车乘务员职业认同感训练主要有：对机车驾驶工作重要性的认识、对自己角色定位的认识和引发对岗位英模的敬仰。

1. 岗位“优点轰炸”

①请每个参与者写下自己对职业自豪感和岗位优势的认知，强调优点，数量 3 条以上。

②第一轮发言，由每个人轮流说出自己认为的岗位优势，并记录别人找到而自己没有发现的优势。

③第二轮发言，由每个人轮流说出别人找到而自己没有发现的优势，并分享感受。

2. 职业规划训练

①确定职业目标。可以确定短期目标（1~2 年）、中期目标（3~5 年）和长期目标。比如，青年机车乘务员可以为自己设定由副司机到司机，再到动车组司机的职业规划。

②制订具体实施计划，并每日检查计划落实情况。时常问自己："我现在做的事情会使我更接近我的目标吗？"

3. 家庭支持系统培养

家庭的支持有神奇的力量，在很大程度上可以消除机车乘务员的职业倦怠。

①邀请家人参观机车乘务员的工作岗位，体验其工作辛苦程度。

②邀请家属负责亲情提醒：上班前由家属、父母、子女进行安全叮嘱，提醒上下班路途中要遵守交通安全，上班过程中要牢记安全、遵章作业。

③不定期组织"两违"和事故责任人员、家属接受警示教育；或是让"两违"人员陪护受伤人员，让他们看到伤者的痛苦、家人的焦急、孩子的期盼，从而在良知上受到启发。

总之，职业认同感是机车乘务员努力做好本职工作，达成组织

不断学习会让人立于不败之地

目标的心理基础。通过训练，使机车乘务员懂得机务系统在铁路企业中的地位和作用，懂得铁路在国民经济中的地位和作用，加深对自己所从事职业的认同感，热爱本职工作，以从事机车驾驶工作为荣。

二、自信心确立训练

对自信最简单、最直白的解释是相信自己。也就是指个体信赖自己，对自己处境的一种情绪或自觉感觉到有把握的一种状态。

1. 充分发挥潜意识的力量

第一步：想你会成功，不要想你会失败。

无论做什么事，都要满怀信心，想着我会成功。在会成功的思想指引下，想方设法认真地去做，就容易接近成功。满脑子负面想法、自卑畏惧思想，会使人筋疲力尽。行动不力，也不可能成功。

第二步：经常提醒自己，你比想象中的要好。

其实每个人都比自己想象中坚强。建议机车乘务员们可以每天对自己说一句："我是最好的！"来提醒自己全力以赴完成工作。

第三步：立长志而非常立志。

古人说：无志之人常立志，有志之人立长志。立下长远的目标，并矢志不渝地完成。

2. 形象控制训练法

形象控制法实质是想自己成功的事、想美好的形象，借助以往成功的美好形象消除失败、自卑心理，激发自己的信心。

第一步：想象你自己充满自信的样子；

第二步：体验在成功的情景里别人对你的反应，增强自信；

第三步：设立一个“触发器”，这个“触发器”可以是一个动作，比如一握拳头感觉就有信心；也可以是一句话，比如心里悄悄说一句：“我是可以的”，感觉就有信心；还可以是一个图形或者一段文字，只要一看到就有信心；

第四步：打破目前的状态后，触动“触发器”，体验一下自信的感觉。

3. 榜样融合法

（1）准备工作

①首先认真思考一下自己希望像谁一样拥有自信，然后在一张A4纸上写下这个人的名字，记为1号，放在地上。

我想，像 ____________ 一样有信心。

②再想一下还有谁比刚才写下的人更自信，然后把他的名字写在第二张A4纸上，记为2号，放在地上。

高度决定视野，努力让自己站位高一点

我还想，像 ____________ 一样有信心。

③继续想象，还有谁比刚才那两个人更有信心，然后把他的名字写在第三张 A4 纸上，记为 3 号，放在地上。

我更想，像 ____________ 一样有信心。

④开始设定“触发器”动作。比如：一握拳，就会自信心变强。

（2）第一轮融合

①想象：看着写着第一个人名字的纸，开始想象。想象这个榜样就站在眼前。

②商量：向榜样借用自信心。

③融合：继续与榜样进行融合，再体验自己的感觉，配合深呼吸，加深这种感觉，并且通过动作设立“触发器”。

（3）第二轮融合

踏着第一张纸，看着写着第二个人名字的纸，重复第一轮的三个步骤。在这一轮活动里，我感觉到：

____

（4）第三轮融合

踏着第二张纸，看着写着第三个人名字的纸，重复第一轮的三个步骤。在这一轮活动里，我感觉到：

____

（5）打破状态，体验效果

练习2~3次之后，闲聊一些话题，或者做一些其他的事情，1分钟之后，再次体验训练的效果，我感觉到：

____

4. 自我称赞法

自我称赞是通过了解和肯定自己的优点来增强自信。正确认识自己的优点是建立自信的基石。

认真思考以下问题，然后写出答案。

①在外貌方面，你最喜欢自己的哪个部分？

____

②在个人才能方面，你最喜欢自己的哪个方面？

____

5. 自信心暗示技术

运用自我暗示可以将自信心的掌控权从别人那里抓回到自己的手上。有没有自信并不是掌控在别人的嘴里，而是掌握在自己的手里。不论别人怎样挑剔、否定，我们始终都能拥有一份自信。

暗示技术有五个要点：语言简洁有力；词汇积极正面；声音洪亮；配合动作，动作有力；持续不断重复。

用洪亮的声音配合相应的动作喊出下面四句口诀，对自己进行暗示，每天早晚各一次，每次至少暗示3遍。

“我爱我自己！”

带着问题去生活，也能获得幸福

“我相信我自己！”

“我有巨大潜能！”

“我一定能成功！”

【案例】激发自信心的系统训练

自信心需要通过训练获得，下面设计了十四个训练方法，它们组合在一起作为一套系统的训练体系，认真按照每一步骤完成训练，你会感觉内心有一股强大的力量升起，自己的信心会越来越强。

★系统训练一：信念输入

语言所蕴含的威力是不可估量的。请每天朗读、背诵以下句子：

我有积极进取的人生和学习态度！

我会与老师和同学建立良好的关系！

我积极进取主动学习！

我会排除一切干扰，完成每日计划！

我有强健的体魄！

我有克服一切困难的精神！

我对未来的成就充满信心和希望！

★系统训练二：剖析过去的自己

请诚实地描述过去的你，每天晚上读一遍，并做一刻钟的自我剖析和评价。勇敢地把你的描述、剖析和评价送给你的好朋友或老师、长辈看，听听他们的意见。

★系统训练三：激发改变动机

请说出对自己最不满意的方面，你认为你欠缺什么？现在就思考弥补这个欠缺的方法和途径。

★系统训练四：作出承诺

每天我都是新的生命，我不再消沉，我要积极进取。从今以后，我一定会做到我要做的事。我会排除一切干扰，实现我的承诺。任何事情都阻挡不了我实现目标的决心！

★系统训练五：自我激励

你过去之所以失败，只有一个原因：那就是懒惰。懒惰之下，一切都是枉然。请你找一个幽静无人的场所狂呼，或者在你的本子上狂写下面句子，直到累得不能继续为止：

我不再消沉和懒惰！

我要成功！我一定能成功！

我要成为强人——这是我神圣的权利！

★系统训练六：剖析自卑

请列出自己感到自卑的方面，分析产生这种想法的原因，每天晚上读十遍，直到感到腻味或滑稽可笑为止。

★系统训练七：特质转换

你能接受自己吗？每个人都有缺点，但这也许正是你的特质。可以

把一个大的目标分成若干个小目标，在实现的路上会充满成就感

把这些特质转换为一种正面的特质。例如：“我虽然个子矮，但我浓缩了人生的精华！”

★系统训练八：感受成功经历

你的生命中蕴含着伟大的意志力，在人生的每一天，只要你咬紧牙关、锲而不舍，终会取得辉煌的胜利！

★系统训练九：从挫折到成功

最近有没有什么事情让你感到有挫折感？分析阻碍这件事成功的最大障碍，找一个类似的事情，尽最大努力，发挥自己的潜能去完成这件事。

★系统训练十：列出优点

请列出自己的十条优点，把它贴在床头上，每天读十遍。

★系统训练十一：设计自己的形象

仔细检查一下，你经常穿的衣服和留的发型是否符合你所处的环境和地位，并给自己设计一个最佳形象。

★系统训练十二：我的支持系统

父母、同学、老师以及其他亲友都是你的支持者，在你的学习、成长中，或者遇到困难和挫折时，他们都是你的支持力量。列出他们的名字。

★系统训练十三：悦纳自我

我最欣赏自己的是什么？我最欣赏对自己家人的态度是什么？我最欣赏对朋友的态度是什么？我最欣赏对自己做事的态度是什么？我最欣赏自己的性格是什么？我最欣赏自己的一次往事是什么？

★系统训练十四：我是我认为的我

你一定要自信。只要你愿意，你会充满活力、热情十足。昂首阔步走在人群中，完成自己想要完成的事情。成功来源于一个人的精神状态，你认为你行，你就行！

三、减压舱放松

减压舱是一种通过专业反馈放松训练，让使用者在舒适、安心的环境中放下戒备与压力，充分享受放松与愉悦的心理减压设备。目前，全路多个机务段都配置了供机车乘务员使用的减压舱。

1. 训练目标

通过减压舱放松，促进机车乘务员身心健康，提升作业能力。

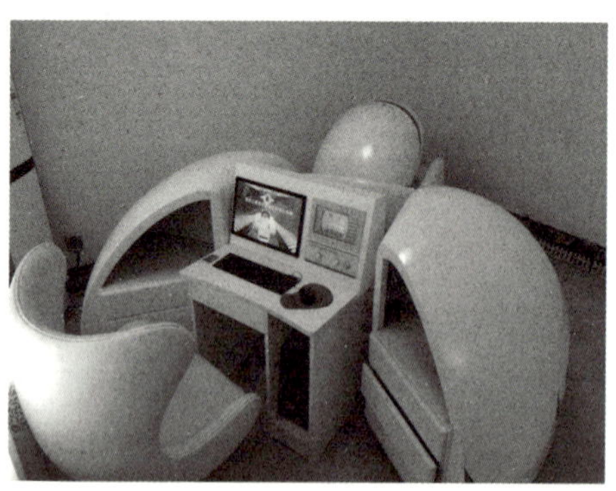

非礼勿视、非礼勿言、非礼勿听

2. 适用范围

①对心理压力过大，长期精神紧张，并伴有失眠、肌肉疲劳、神经衰弱等问题的机车乘务员，进行身心调节训练；

②对焦虑、紧张、抑郁、情绪低落、行为冲动、自控力差的机车乘务员，进行情绪释放训练；

③对经历过重大应激事件的机车乘务员，进行心理和身体的快速恢复训练。

3. 实施要求

环境：铁路职工心理健康室。尽可能为有需要的职工创造安静、舒适的环境，室内的光线要明亮柔和，有较宽松的空间来放置设备。

模式：自助式身心减压放松训练。

4. 使用说明

①减压舱的使用：每周 5 次，每次 45 分钟，以 4 周为一周期，按照训练模块选择。

②在每次使用前先休息 5~10 分钟，做几次深呼吸，使情绪慢慢地稳定下来。

③减压设施包括按摩装置、物理制氧装置、脑波理疗装置、香薰理疗装置和多媒体减压装置。其中按摩装置设在座椅的靠垫、坐垫及腿部；物理制氧装置、脑波理疗装置及香薰理疗装置均设在后舱中，物理制氧装置的氧气喷口设在座椅上方，并且通过座椅旁的软管将氧气送到使用者的面部；脑波理疗装置的发声部分位于座椅两侧且靠近使用者的头部，它的发光部分位于座椅上方的舱顶；香熏理疗装置的出风口位于前后舱之间的隔板上；多媒体装置包括设在后舱中的全息音乐播放设备及高清视频播放设备，全息音乐播放设备中的多路扬声器安装在前舱的四周，高清视频播放设备中的液晶显示器安装在前盖上，并且当使用者躺在座椅上时正好位于使用者的正前方。

④坐在座椅上，固定脉搏传感器、环臂式血压测量带，主控PC控制电路会根据呼吸传感器、脉搏传感器、血氧浓度传感器、环臂式血压测量带测得的人体生理信息，调整减压放松床的姿势位置，并同步启动喷香装置、供氧装置、高保真音响、空气净化装置、α脑波诱导灯、可变色彩组灯、韵律按摩对人体进行放松治疗。

通过“减压吧”“宣泄室”“心理咨询室”“职工健康中心”等区域的建立，“心理多功能减压舱”“睡眠治疗仪”等设备的使用，可以让机车乘务员在工休期间放松心情、缓解压力，体验到组织的人文关怀。

第三节　安全心智模式训练

通过近5年我们对机务系统职工身心健康的追踪研究，可以这样认为：心理素质与行车安全密切相关，人格特征越稳定，工作效率和工作质量越高，保证安全的可能性越大。但职工的安全心理不是自发产生的，它的形成是一个自觉学习的过程。

安全心智模式训练倡导职工身心和谐一体化健康成长理念，通过运用安全心理学基本原理，借助行为训练提高铁路关键岗位人员的安全心理素质和身心健康水平，改善心理调节能力，最终塑造出理性科学的铁路职工安全心智模式。

训练分为四个模块：

第一模块：树立安全自我形象。这一模块的主要训练目的是引导机车乘务员给自己一个积极正向的自我评价，充分认可和肯定自己。要求大家在一张A4大小的白纸正中写下自己的姓名，并在姓名下写一句对自己的正面评价，比如："我是一个善良正直的人"，这是一个积极的自我心理暗示：我是家庭和岗位的重心所在！我很优秀！我能安全！

第二模块：建立安全心理链接。这一模块的主要训练目的是引导机车乘务员找到能够给自己提供心理支持的重要人际关系，列出最珍惜的人。要求乘务员们在自己的姓名外围画一个圈，把大家认为最重要的人写在圈上。在安全心理链接的分享中，大多数人把妻子、儿女、父母、朋友列为重要链接，并且认为自己的安全来源于这些重要的人际关系支持。一旦重要链接断裂，人生就会蒙受重大损失。

第三模块：设好安全警戒线。这一模块的主要训练目的是引导机车乘务员从自身找原因，找出自身容易产生的不安全心理或者潜在危险。比如：麻痹侥幸、过度疲劳，等等。因为从事故数据统计来看，绝大多数劳动安全事故源自职工违章，而违章绝大多数又源自人的不良心理、负面情绪和事故人格特征。既然大家把妻子、儿女、父母、朋友列为重要链接，那就让大家在这些重要链接外围，再画上一个大圆圈，把这些危险因素都写上，这样，就能够清楚地看到自己可能触碰安全警戒线的心理都有哪些，学会自我警觉和提醒。一旦触碰“安全警戒线”，圆圈内所有的内容（自己和亲密人物）都将有可能消失。这样是为了增强职工的责任感：安全不是一个人的事，是一家人的事！机车乘务员手中握有无数个家庭的幸福和平安！

第四模块：感受保障安全与事故损失引发的情感体验。这一模块的主要训练目的有两个：一方面，引导大家想象体验积极美好的人生感受：当机车乘务员安全出乘、退乘之后，迎接他们的是家人的温暖笑脸和多彩的业余生活。另一方面，引导大家想象事故发生后要承受的痛苦和惨重损失，一起来算事故损失：包括经济损失、荣誉损失、家庭损失甚至是法律损失。通过反复的算账对比，培养职工对安全的敬畏感和责任感，使之从“要我安全”的思维转变到“我要安全”的心智模式。

第四节　应激障碍危机干预

一、急性应激障碍（ASD）

急性应激障碍也称为急性应激反应，医学上是指人们突然遭受到急剧而严重的精神创伤性事件后，在数分钟或数小时内所产生的一种一过性的精神障碍。

1. 急性应激障碍产生的原因

（1）严重的生活事件

如严重的交通事故、亲人突然死亡（尤其是配偶或子女）、婚姻破裂、身患癌症、遭受失明或毁容、遭遇歹徒袭击、家庭财产被抢劫等创伤性体验。

（2）重大自然灾害

如遭受特大洪水、地震、火灾、风暴、泥石流等严重威胁生命安全和造成财产巨大损失的灾难。

（3）目睹或亲历事故

事故亲历者的情绪与日常会存在较大反差，如头脑中控制不住地对事故现场场景出现闪回、独自发呆不愿与他人接触、无法控制地发脾气、睡不着觉、吃不下饭、总觉得会有不好的事情发生、不断哭泣等，这些大多是对创伤事件的反应。

2. 主要症状表现

具有强烈恐惧体验的精神运动性兴奋，或者精神运动性抑制甚至木僵，但症状往往历时短暂，一般在数天或一周内缓解，最长不超过1个月。急性应激障碍在各个年龄段均可发生，在青壮年中较为多见。

3. 危机干预技术

急性应激障碍患者的症状表现，除了初始阶段的茫然外，还可能同时伴随有愤怒、绝望、焦虑、抑郁、活动过度、活动退缩等情绪或行为发生，心理治疗后症状会有很大改善，尽早尽快地干预可以完全缓解。

急性应激障碍的预防主要在于平日里培养健康的心理、增强自我保护意识，从而提高应对应激事件的能力。同时，在精神创伤性事件发生后，专业人员应尽早给予心理干预训练，尽快使当事人脱离创伤的环境，这些都可以有效预防急性应激障碍。在实践中，我们一般采取“放松、倾诉、觉察、改变”四步训练法进行干预，干预效果良好。

【案例】对事故目击者进行心理干预

某旅客列车受降雨影响侧翻，导致一名铁路职工死亡。事情发生后，目睹事故全过程的一些职工出现了应激反应，表现出生理与心理症状。心理咨询师及时对目击者开展积极的心理干预，取得了良好的效果。

干预对象：一名22岁的职工，在自诉中出现：重现以往创伤事件，对创伤事件的重复体验，存在睡眠障碍，有负罪感，心理应激障碍症状明显。

抵御诱惑的唯一方式是远离诱惑

一、对其进行心理干预过程

①提供安全感：在1小时左右的心理干预中，邀请当事人坐到会议室最具权威的位置上；有一半的时间握住他的右手近距离会谈。因为该同志是一名机车乘务员，平时习惯用右手工作。握住他的右手可以使其更有安全感。

②提供支持：在职业心理健康服务中，我们常常借助OH卡牌（又被称为“自由联想卡”或“潜意识投射卡”,是一种心理投射测试工具），与被干预对象交流感情、观念，这次也使用OH卡牌重现当时的场景，并进行重新解读，赋予正向力量的支持。

③宣泄与陪伴：谈论当事人感觉负罪感、无力感的感受和场景，提供宣泄的出口与稳定的陪伴。

④放松情绪：为当事人做催眠放松，提供放松的感受与对未来放松场景的预想；当事人未来放松场景是和心爱的人（刚确定恋爱关系一个月的女友）去草原感受蓝天、白云，感受自然的风光。

二、后续心理干预和后续跟踪调查建议

①干预结束后，咨询师告知单位领导要对其密切关注，如果情绪上持续出现悲伤、抑郁、易激惹、麻木、否认、焦虑、害怕、内疚等；行为上持续出现工作效率低下、沉默寡言、与人疏远、对环境警觉、回避触发回忆的场所与活动，建议再次进行心理干预。

②一个月后对该职工再次进行心理评估并防止出现药物或酒精的滥用。

三、干预结果

干预后，该职工正常工作和生活，效果良好。

二、创伤后应激障碍（PTSD）

创伤后应激障碍的发生多由家庭、社会心理因素和生物学因素等所致。

1. 主要症状表现

出现创伤性再体验、回避和麻木、警觉性增高等症状。可引起焦虑、注意力不集中、易怒等精神症状，严重者还可影响睡眠、社交、日常活动等。

创伤后应激障碍可能产生的心理障碍和生理障碍包括：

（1）认知和行为障碍

创伤后应激障碍可产生意识、注意力、记忆力、判断力和学习能力等多方面的损害；情绪反应表现为责难、愤怒、噩梦、感到被遗弃、悲伤、抑郁、易激惹、麻木、焦虑、害怕、内疚；行为反应表现为工作效率低下、易怒、常与人争执、沉默寡言、与人疏远、药物或酒精的滥用、对人不信任、对环境警觉、回避触发回忆的场所与活动。

（2）生理障碍

胃痛、便秘、腹泻、呼吸系统问题、头痛、肌肉抽筋或疼痛、后背痛、心血管系统症状等；意识分离，当事人易发生自伤行为。

简单的事情认真做，认真的事情重复做

2. 危机干预

（1）需要创伤干预的人群

伤者，幸存者，目击者，死难者的家属、同事、朋友，救援人员，应急服务人员等。

（2）工作内容

①帮助当事人恢复安全感。

②帮助当事人恢复与他人建立关系的能力。

③帮助当事人恢复平静状态，并对未来充满希望。

④帮助当事人获得实质性的情感支持。

⑤帮助当事人体验自己有能力自助和回归正常。

（3）干预与支持

①干预原则：确保干预的过程中不被干扰，并有安全的干预环境。

②团体干预（5个层面）

第一层：带领者进行自我介绍，介绍团体工作规则，仔细解释保密约定、每个人自我介绍。

第二层：请当事人描述事件发生过程中他自己及事件本身的一些实际情况，请当事人介绍在这些事件过程中听到的、想到的、看到的和所做的；请每个人都发言，重新定义创伤事件。

第三层：询问当事人当时的感受，在听到其他人的事情后目前的感受，以往有类似经历吗？这些感受对社会功能及人际关系有什么帮助？

第四层：讨论积极的适应与应对方式，讨论减轻创伤的策略；注意可能出现的不良行为，例如：饮酒或药物滥用。

第五层：总结谈话内容，重申成员间的相互支持，讨论行动计划、制定行动计划。

③时间：通常每周一次，陪伴、支持3个月左右。

（4）传授个人恢复方式

①宣泄：直面现实心理干预最主要的是倾听。选择安全的环境和人，宣泄抑郁、焦虑等负性情绪，不压抑、不回避，意识到自己并非孤独地面对痛苦。

②原谅：起初当事人很难接受事实，需要与创伤事件或者人进行回忆。告诉自己哭泣、悲伤、内疚等都不是懦弱，是人在痛苦时很自然的表现；提醒自己酗酒、自伤、自杀等才是不正常的反应。

③健康心态：淡化悲哀，重新投入新的生活；也可以采取健康的行动去纪念逝者。

【案例】回避和麻木行为的心理干预

某机车乘务员，性格内向，不爱说话，在较长一段时间内多次违反劳动纪律：迟到早退、工作马虎；甚至反复违标、违章，但以往他的工作表现还是不错的。车队干部每次找他谈心，他除了连连道歉，别的也说不出什么来，几次做思想工作都没有明显成效。心理咨询师与该职工每周面谈一次，陪伴支持六周后疗愈。

先学会爱自己才能爱别人

干预过程：该职工不善表达、交流困难，回避和麻木行为明显且已经持续了相当长时间。所以第一步——放松就尤为重要。

①在征得该职工同意后，进行了焦虑自评量表（SAS）测试，结果显示已经处于重度焦虑的边缘。

②简单介绍了缓解焦虑的方法，比如教他腹式呼吸法、让他听《学习强国》网站上的“音乐疗愈”，并让他回去练习。

③一周之后又找机会做了第二次干预，在一个相对宽敞安静的环境中，播放轻柔音乐使职工身心放松下来，让他使用生物反馈软件“菩提树”来感受紧张焦虑和心情放松的不同。当他感觉紧张，电脑画面上的菩提树叶就会枯黄、凋零；当他慢慢放松，菩提树就会抽枝发芽、郁郁葱葱。

④第三次继续进行放松干预，之后职工自诉失眠症状好转，缓解焦虑的措施在他身上产生了效果，也使其对咨询师产生了信任。

第二步：倾诉。也是这次心理干预中最重要的一步，就是让谈心对象说话，让他倾诉。

①采用OH卡牌工具进行第四次交流，请他抽一组卡牌：一张图卡一张字卡，先翻看图卡，问他：“您看到了什么？您想到了什么？您有什么感受？”请职工看图，一一作答，然后再翻看字卡，问他：“把字卡和图卡放在一起您有什么想法？”最初这个职工沉默了很久，有5分钟

左右的时间他欲言又止。引导者耐心等待、耐心倾听，但之后他就在引导中慢慢放松、开始诉说，他的家庭负担较重：父母重病、妻子没有工作，婆媳之间常常发生矛盾，婚姻已经到了崩溃边缘。职工不善于表达，隐忍、累积的不良情绪，让他觉得恐惧、压抑，无心工作。

②第五次干预，除了使用OH卡牌工具，还对其进行了催眠放松，从职工的诉说中获取了大量信息。

第三步：觉察改变。一方面咨询师在第六次干预中引导其觉察自身问题、改变不合理认知，另一方面组织出面为其提供了困难补助，为其家属安置临时性工作岗位，妥善解决了他的家庭困难。之后该职工的精神面貌发生了很大改变，工作兢兢业业，生活也很美满。干预可以说相当成功。

总之，运用心理学的原理和方法，及时掌握职工心理变化的规律，帮助职工发现自身的问题和根源，有针对性地进行思想疏导，化消极情绪为积极态度，努力提高职工对工作的适应性和调节周围环境的能力，达到身心合一的平衡状态。这是心理干预的工作范畴，也是安全管理的方式创新。

在今后相当长的一个时期内，我们会充分利用职业心理健康服务的作用，加强职工安全意识培训，提高安全管理水平，开展职业心理咨询，大力发挥家庭、社会支持系统的调节作用，保护机车乘务员的身心健康，确保铁路运输安全持续稳定。

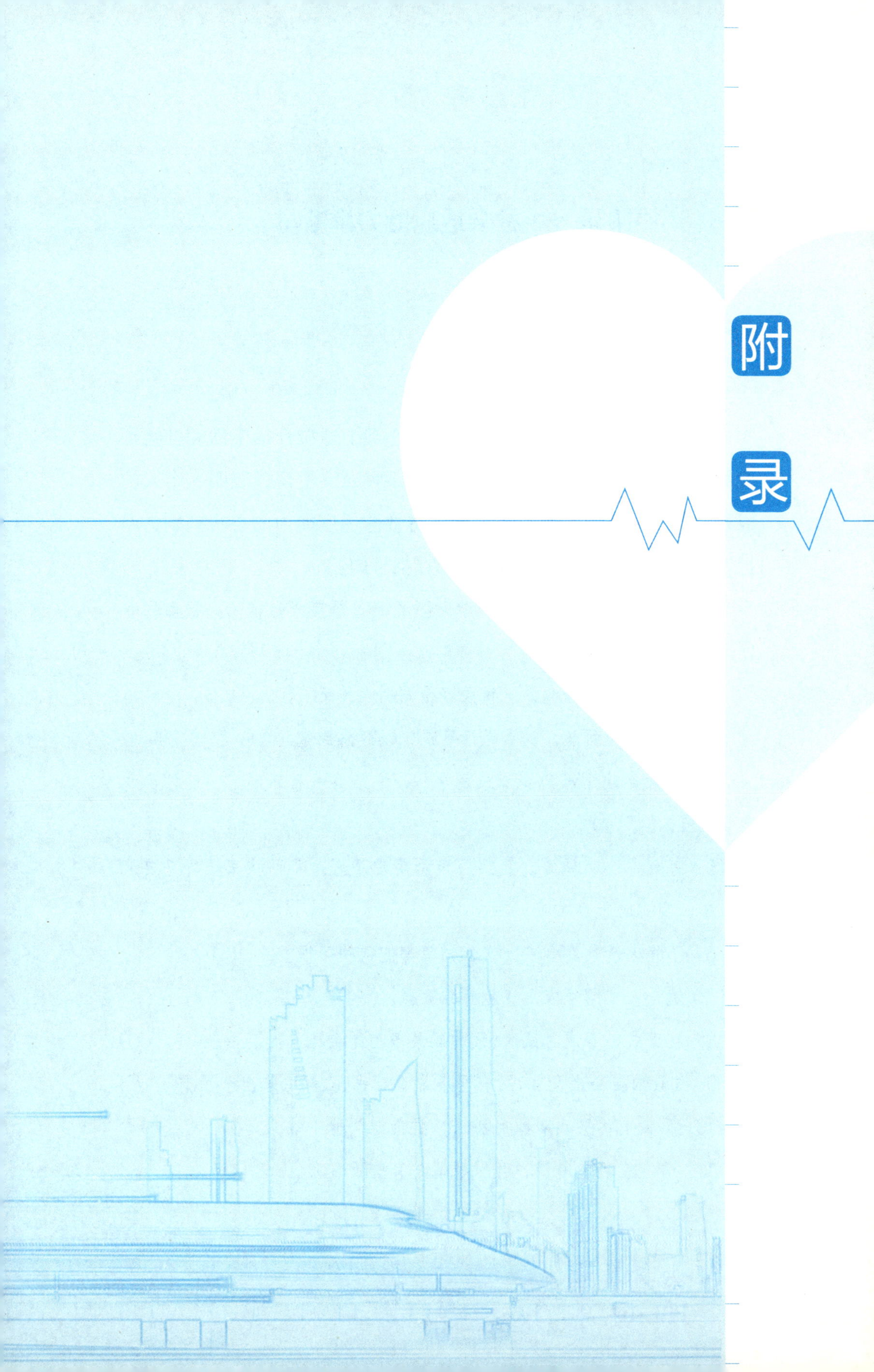

附录

附录一　社会适应能力诊断量表

社会适应能力，指的是一个人在心理上适应社会生活和社会环境的能力。社会适应能力的高低，从某种意义上说，表明一个人的成熟程度。下面的问题能帮助你进行社会适应能力的自我判别，请把答案（是、无法肯定、不是）填在括号内。

1. 我最怕换工作，每到一个新环境，我总要经过很长一段时间才能适应。(　　)

2. 每到一个新的地方，我很容易同别人接近。(　　)

3. 在陌生人面前，我常无话可说，以致感到尴尬。(　　)

4. 我最喜欢学习新知识或新学科，它给我一种新鲜感，能调动我的积极性。(　　)

5. 每到一个新地方，我第一天总是睡不好。哪怕在家里，只要换一张床，我有时也会失眠。(　　)

6. 不管生活条件有多大变化，我都能很快习惯。(　　)

7. 越是人多的地方，我越感到紧张。(　　)

8. 在正式比赛或考试时，我的成绩多半不会比平时练习差。(　　)

9. 我最怕在会上发言，所有同事都看着我，心都快跳出来了。(　　)

10. 即使有的同事对我有看法，我仍能同他（她）交往。(　　)

11. 领导在场的时候，我做事情总有些不自在。(　　)

12. 和同事、家人相处，我很少固执己见，我总是乐于采纳别人的意见。(　　)

13. 同别人争论时，我常常感到语塞，事后才想起该怎样反驳对方，可惜已经太迟了。(　　)

14. 我对生活条件要求不高，即使生活条件很艰苦，我也能过得很愉快。(　　)

15. 有时自己明明已经掌握了技术要领，可在实际操作的时候还是会出差错。(　　)

16. 在决定胜负成败的关键时刻，我虽然很紧张，但总能很快使自己镇定下来。(　　)

17. 我不喜欢的东西，不管怎么学也学不会。(　　)

18. 在嘈杂混乱的环境里，我仍然能集中精力学习，并且效率较高。(　　)

19. 我不喜欢陌生人来家里做客，每逢这种情况，我就有意回避。(　　)

20. 我很喜欢参加社交活动，我感到这是交朋友的好机会。(　　)

评分标准：

1. 凡是单数号题（1，3，5，7…），回答“是”得 –2 分，回答“无法肯定”得 0 分，回答“不是”得 2 分。

2. 凡是双数号题（2，4，6，8…），回答“是”得 2 分，回答“无法肯定”得 0 分，回答“不是”得 –2 分。

将各题的得分相加，即得总分。

35~40 分：社会适应能力很强。能很快地适应新的学习、生活环境，与人交往轻松、大方，给人的印象极好，无论进入什么样的环境，都能应付自如、左右逢源。

29~34 分：社会适应能力良好。

17~28 分：社会适应能力一般。当进入一个新环境，经过一段时间的努力，基本上能适应。

6~16 分：社会适应能力较差。依赖于较好的学习、生活环境，一旦遇到困难则易怨天尤人，甚至消沉。

5 分以下：社会适应能力很差。在各种新环境中，即使经过一段相当长时间的努力，也不一定能够适应，常常因与周围事物格格不入而感到十分苦恼。在与他人的交往中，总是显得拘谨、羞怯和手足无措。

附录二　抗挫折能力度量表

心理学上所说的挫折，是指人们为实现预定目标采取的行动受到阻碍而不能克服时，所产生的一种紧张心理和情绪反应。

1. 在过去的一年中，你自认为遭受挫折的次数：

（1）0~2 次；（2）3~4 次；（3）5 次以上。

2. 你每次遇到挫折：

（1）大部分都能自己解决；（2）有一部分能解决；（3）大部分解决不了。

3. 你对自己才华和能力的自信程度如何：

（1）十分自信；（2）比较自信；（3）不太自信。

4. 你对问题经常采用的方法是：

（1）知难而进；（2）找人帮助；（3）放弃目标。

5. 有非常令人担心的事时，你：

（1）无法工作；（2）工作照样不误；（3）介于“（1）”“（2）”之间。

6. 碰到讨厌的对手时，你：

（1）无法应付；（2）应付自如；（3）介于“（1）”“（2）”之间。

7. 面临失败时，你：

（1）破罐破摔；（2）将失败转化为成功；（3）介于“（1）”“（2）”之间。

8. 工作进展不快时，你：

（1）焦躁万分；（2）冷静地想办法；（3）介于“（1）”“（2）”之间。

9. 碰到难题时，你：

（1）失去自信；（2）为解决问题而动脑筋；（3）介于“（1）”“（2）”之间。

10. 工作中感到疲劳时：

（1）总是想着疲劳，脑子不好使了；（2）休息一段时间，就忘了疲劳；（3）介于“（1）”“（2）”之间。

11. 工作条件恶劣时，你：

（1）无法工作；（2）能克服困难干好工作；（3）介于“（1）”“（2）”之间。

12. 产生自卑感时，你：

（1）不想再继续工作；（2）立即振奋精神继续工作；（3）介于“（1）”“（2）”之间。

13. 上级给了你很难完成的任务时，你会：

（1）顶回去了事；（2）千方百计干好；（3）介于“（1）”“（2）”之间。

14. 困难落到自己头上时，你：

（1）厌恶之极；（2）认为是个锻炼；（3）介于“（1）”“（2）”之间。

评分标准：

1~4 题，选择（1）、（2）、（3）分别得 2、1、0 分；

5~14 题，选择（1）、（2）、（3）分别得 0、2、1 分。

将各题的得分相加，即得总分。

19 分以上：说明你的抗挫折能力很强。

9~18 分：说明你虽有一定的抗挫折能力，但对某些挫折的抵抗力较弱。

8 分以下：说明你的抗挫折能力很弱。

附录三　沟通能力度量表

良好的沟通能力是处理好人际关系的关键。具有良好的沟通能力可以使你很好地表达自己的思想和情感，获得别人的理解和支持，从而和上级、同事、下级保持良好的关系。沟通技巧较差的个体常常会被别人误解，给别人留下不好的印象，甚至无意中对别人造成伤害。每个人都有独特的与人沟通、交流的方式。阅读下面的情境性问题，只需回答“是”“否”即可，请尽快回答，注意不要遗漏。

请你就以下问题认真地问问自己：

1. 你真心相信沟通在组织中的重要性吗？
2. 在日常生活中，你在寻求沟通的机会吗？
3. 当你站在演讲台时，能很清晰地表达自己的观点吗？
4. 在会议中，你善于发表自己的观点吗？
5. 你是否经常与朋友保持联系？
6. 在休闲时间，你经常阅读书籍和报纸吗？
7. 你能自行构思，写出一份报告吗？
8. 对于一篇文章，你能很快区分其优劣吗？
9. 在与别人沟通的过程中，你都能清楚地传达想要表达的意思吗？
10. 你觉得你的每一次沟通都是成功的吗？

11. 你觉得自己的沟通能力对工作有很大帮助吗?

12. 你喜欢与你的上司一起进餐吗?

评分标准:

以上回答,回答“是”得1分,回答“否”不得分。得分在8~12分，说明协调沟通能力比较好，得分在1~7分，说明协调沟通能力不太好，需要好好培养。

附录四　抑郁自评量表（SDS）

根据你最近一个星期的实际情况作出选择（在相应的方框内划“√”）。

问　题	A 没有或很少时间	B 小部分时间	C 相当多时间	D 绝大部分或全部时间
1. 我觉得闷闷不乐、情绪低沉				
2. 我觉得无法安静				
3. 我一阵阵地哭出来或是想哭				
4. 我晚上睡眠不好				
5. 我比平常容易激动				
6. 我认为如果我死了别人会生活得更好				
7. 我发觉我的体重在下降				
8. 我有便秘的苦恼				
9. 我心跳比平时快				
10. 我无缘无故感到疲乏				
11. 我的头脑和平时一样清醒				
12. 我觉得经常做的事情并没有困难				

续上表

问　　题	A 没有或很少时间	B 小部分时间	C 相当多时间	D 绝大部分或全部时间
13. 我觉得一天之中早晨最好				
14. 我对将来抱有希望				
15. 我吃得和平时一样多				
16. 我觉得作出决定是容易的				
17. 我觉得自己是个有用的人，有人需要我				
18. 我的生活过得很有意思				
19. 我与异性接触时和以往一样感到愉快				
20. 平常感兴趣的事我仍然照样感兴趣				

说明：

抑郁自评量表（SDS）包含 10 个正向计分题和 10 个反向计分题，正向计分题 A、B、C、D 按 1、2、3、4 分计；反向计分题按 4、3、2、1 分计。反向计分题号：2、5、6、11、12、14、16、17、18、20。将 20 个项目的得分相加，即得粗分，标准分等于粗分乘以 1.25 后的整数部分。我国以 SDS 标准分大于等于 50 分为有抑郁症状。抑郁严重度 = 各条目累计分 /80。

结果：抑郁严重度为 0.5 以下为无抑郁；0.5~0.59 为轻微至轻度抑郁；0.6~0.69 为中至重度抑郁；0.7 以上为重度抑郁。

附录五　焦虑自评量表（SAS）

请您根据近一星期的实际情况在下列方格里划“√”。

问　　题	A 没有或很少时间	B 小部分时间	C 相当多时间	D 绝大部分或全部时间
1. 我觉得比平时更容易紧张或着急				
2. 我无缘无故感到害怕				
3. 我容易心里烦乱或感到惊恐				
4. 我觉得我可能要发疯				
5. 我觉得一切都很好				
6. 我手脚发抖打颤				
7. 我因为头疼、颈痛或背痛而苦恼				
8. 我觉得容易衰弱或疲乏				
9. 我觉得心平气和，并且容易安静坐着				
10. 我觉得心跳得很快				
11. 我因为一阵阵头晕而苦恼				

续上表

问　　题	A 没有或很少时间	B 小部分时间	C 相当多时间	D 绝大部分或全部时间
12. 我有晕倒发作，或觉得要晕倒似的				
13. 我吸气、呼气都觉得很容易				
14. 我的手脚感到麻木和刺痛				
15. 我因为胃痛和消化不良而苦恼				
16. 我常常要小便				
17. 我的手脚常常是干燥温暖的				
18. 我脸红发热				
19. 我容易入睡并且一夜睡得很好				
20. 我做噩梦				

评分标准：

正向计分题 A、B、C、D 按 1、2、3、4 分计；反向计分题题号：（5、9、13、17、19）按 4、3、2、1 分计。

评定时间为过去一周内。统计方法是把各题的得分相加为粗分，粗分乘以 1.25，四舍五入取整数即得到标准分。分值越小越好，临界值为 50 分。分值越高，焦虑倾向越明显。其中 50~59 分为轻度焦虑，60~69 分为中度焦虑，70 分以上为重度焦虑。

附录六　机车乘务员职业心理健康调查（16PF 人格量表）

尊敬的机车乘务员：

您好！本问卷采用实名作答方式，所列题目无好坏对错之分，请您不要有任何顾虑，请根据自己的实际情况，仔细阅读和理解题目并完成以下选择。感谢您的支持与配合！

基本情况：工号________姓名________

1. 您的年龄：(　　)。

A. 30 岁以下　　B. 31~40 岁

C. 41~50 岁　　D. 51 岁及以上

2. 您的婚姻状况：(　　)。

A. 已婚　　B. 单身

3. 您的工作岗位：(　　)。

A. 动车组　　B. 客运机车

C. 货运机车　　D. 其他

4. 您的学历：(　　)。

A. 高中　　B. 中专或技校

C. 大专　　D. 本科及以上

5. 您的职业等级：(　　)。

A. 中级工　　B. 高级工　　C. 技师　　D. 高级技师

6. 您的工龄：(　　)。

A. 一年以内　　B. 1~5 年　　C. 6~10 年　　D. 11 年以上

7. 您目前最关心的现实问题：(　　)。

A. 自身健康状态　　B. 降低工作负荷

C. 提升社会地位　　D. 解决家庭困难

8. 您认为自己的压力处于：(　　)。

A. 无

B. 轻度，未影响工作、生活

C. 中度，有时伴有头痛、失眠、注意力不集中

D. 严重，经常头痛、失眠、提不起精神，已影响工作和生活

9. 您认为减少行车事故要解决的关键性问题是：(　　)。

A. 学习技术业务　　B. 提升安全意识

C. 严格机车乘务员选拔制度　　D. 装备更多安全装置

10. 您的压力主要来自（此问题可多选）：(　　)。

A. 工作　　B. 家庭　　C. 经济

D. 健康　　E. 突发事件　　F. 无

11. 您认为压力中困扰您的是（此问题可多选）：(　　)。

A. 安全压力大、工作负荷较重

B. 工作中竞争激烈

C. 同事或上下级之间的人际沟通

D. 需要学习不断更新的知识和技术

E. 工作成就感不足

F. 在企业中没有归属感

G. 缺少职业发展和规划

H. 夫妻关系

I. 与长辈的矛盾冲突

J. 与子女的沟通

K. 其他______________

心理健康调查问卷

1. 我对于这个问卷的说明已很清楚。(　　)

A. 是的　　　　B. 未能肯定　　　　C. 不是的

2. 我对本测验每个问题都会按照自己的真实情况作答。(　　)

A. 是的　　　　B. 未能肯定　　　　C. 不是的

3. 有度假机会时，我宁愿(　　)。

A. 去一个繁华的都市

B. 在 A 和 C 之间的地带

C. 闲居景色优美而偏僻的郊区

4. 我有足够的精力应付各种困难。(　　)

A. 是的　　　　B. 未能肯定　　　　C. 不是的

5. 即使是关在铁笼里的猛兽，我见了也会惴惴不安。(　　)

A. 是的　　　　B. 不一定　　　　C. 不是的

6. 我总避免批评他人的言行。(　　)

A. 是的　　　　B. 有时　　　　C. 不是的

7. 我的思想似乎(　　)。

A. 走在了时代前面　　B. 不太一定　　C. 正符合时代

8. 我不擅长说笑话讲趣事。(　　)

A. 是的　　B. 不一定　　C. 不是的

9. 如果我见到亲友邻居争执时，我就(　　)。

A. 让他们自己去解决问题

B. 置之不理

C. 予以劝解

10. 在社交场合中，我(　　)。

A. 谈吐自然　　B. 在 A 和 C 之间　　C. 退避三舍，保持沉默

11. 我较感兴趣的工作是(　　)。

A. 建筑工程师　　B. 未能确定　　C. 社会科学的教员

12. 阅读时，我宁愿选择(　　)。

A. 著名的宗教教义

B. 未能确定

C. 国家政治组织的理论

13. 我相信许多人都有些心理不正常，但他们都不愿意承认。(　　)

A. 是的　　B. 在 A 和 C 之间　　C. 不是的

14. 我所希望的结婚对象应该擅长交际而无须有文艺才能。(　　)

A. 是的　　B. 在 A 和 C 之间　　C. 不是的

15. 对于头脑简单和不讲理的人，我仍然能待之以礼。(　　)

A. 是的　　B. 在 A 和 C 之间　　C. 不是的

16. 受人侍奉时，我常常感到不安。(　　)

A. 是的　　B. 在 A 和 C 之间　　C. 不是的

17. 从事体力或脑力劳动后，我比平常人需要更多的休息才能恢复工作效率。(　　)

A. 是的　　B. 在 A 和 C 之间　　C. 不是的

18. 半夜醒来，我会为种种忧虑而不能再入眠。(　　)

A. 常常如此　　B. 有时如此　　C. 极少如此

19. 事情进行不顺利时，我常会急得掉眼泪。(　　)

A. 从不如此　　B. 有时如此　　C. 时常如此

20. 我认为只要双方同意就可以离婚，不应当受传统礼教的束缚。(　　)

A. 是的　　B. 在 A 和 C 之间　　C. 不是的

21. 我对于人或物的兴趣都很容易改变。(　　)

A. 是的　　B. 在 A 和 C 之间　　C. 不是的

22. 筹划事情时，我宁愿 (　　)。

A. 和别人合作　　B. 不确定　　C. 自己单独进行

23. 我常会无端的自言自语。(　　)

A. 常常如此　　B. 偶然如此　　C. 从不如此

24. 无论工作、饮食或旅游，我总 (　　)。

A. 很匆忙，不能尽兴　　B. 在 A 和 C 之间　　C. 从容不迫

25. 有时我会怀疑别人是否对我的言语真正有兴趣。(　　)

A. 是的　　B. 在 A 和 C 之间　　C. 不是的

26. 在工厂中，我宁愿负责 (　　)。

A. 机械组　　B. 在 A 和 C 之间　　C. 人事组

27. 在阅读时，我宁愿选择 (　　)。

A. 太空旅行　　B. 不太确定　　C. 家庭教育

28. 下列三个字哪个与其他两个字属于不同类别？（ ）

A. 狗　　B. 石　　C. 牛

29. 如果我能重新做人，我要（ ）。

A. 把生活安排得和以前不同

B. 不确定

C. 生活得和以前相似

30. 在我的一生中，我总能达到我预期的目标。（ ）

A. 是的　　B. 不能肯定　　C. 不是的

31. 当我说谎时，我总觉得内心不安，不敢正视对方。（ ）

A. 是的　　B. 在A和C之间　　C. 不是的

32. 假使我手中持一支装有子弹的手枪，我必须取出子弹后才能心安。（ ）

A. 是的　　B. 在A和C之间　　C. 不是的

33. 朋友们大都认为我是一个说话风趣的人。（ ）

A. 是的　　B. 不能肯定　　C. 不是的

34. 如果人们知道我的内心世界，他们肯定会感到惊讶。（ ）

A. 是的　　B. 不一定　　C. 不是的

35. 假如在一个社会团体中我突然成为众人注意的中心，我会有些局促不安。（ ）

A. 是的　　B. 在A和C之间　　C. 不是的

36. 我经常喜欢参加规模庞大的集会，例如舞会或公共集会。（ ）

A. 是的　　B. 在A和C之间　　C. 不是的

37. 在下列工作中，我喜欢的是（ ）。

A. 音乐　　B. 未能肯定　　C. 手工和工艺

38. 我常常怀疑那些过于友善的人动机是否如此。( )

A. 是的　　B. 有时　　C. 不是的

39. 我宁愿自己的生活像( )。

A. 一个艺人或自然科学专家

B. 不确定

C. 会计师或保险公司的经纪人

40. 目前世界所需要的是( )。

A. 多产生一些富有改善世界计划的“理想家”

B. 不确定

C. 脚踏实地的可靠公民

41. 我时常感到自己需要做剧烈的体力活动。( )

A. 是的　　B. 在A与C之间　　C. 不是的

42. 我喜欢与有礼貌的人在一起而不喜欢与粗野鲁莽的人交往。( )

A. 是的　　B. 在A与C之间　　C. 不是的

43. 当人们在集体中批评我的时候，我感到垂头丧气。( )

A. 是的　　B. 在A与C之间　　C. 不是的

44. 如果我的上级找我去见他，我( )。

A. 会趁机向他提出建议

B. 在A与C之间

C. 害怕自己干了什么错事

45. 假如薪俸优厚，我愿意专任照料精神病人的职务。( )

A. 是的　　B. 在A与C之间　　C. 不是的

46. 看报时，我喜欢阅读（ ）。

A. 当前世界基本社会问题的辩论

B. 在 A 与 C 之间

C. 地方新闻的报道

47. 我曾担任过（ ）。

A. 一般职务 B. 多种职务 C. 非常多的职务

48. 逛街时，我宁愿观看一个画家写生，而不愿听别人的辩论。（ ）

A. 是的 B. 在 A 与 C 之间 C. 不是的

49. 我有神经衰弱，稍有刺激的声音就会使我胆战心惊。（ ）

A. 时常如此 B. 有时如此 C. 从未如此

50. 我在清晨起床时，常常感到疲惫不堪。（ ）

A. 是的 B. 在 A 与 C 之间 C. 不是的

51. 我宁愿是一个（ ）。

A. 林业工作人员 B. 未定 C. 中学教师

52. 每逢年节或亲友生日，我（ ）。

A. 喜欢赠送礼物 B. 不一定 C. 感觉交换礼物是麻烦多事

53. 下列数字中，哪个数字与其他两个数字属于不同类别？（ ）

A.5 B.2 C.7

54. 猫与鱼就如同牛与（ ）。

A. 牛乳 B. 牧草 C. 盐

55. 在做人处事的各个方面，我的父母很值得敬佩。（ ）

A. 是的 B. 不一定 C. 不是的

56. 我感到我有些特性肯定是比多数人优越的。（ ）

A. 是的 B. 不一定 C. 不是的

57. 只要有利于大家，尽管别人认为卑贱的工作，我也乐而为之，不以为耻。(　　)

A. 是的　　B. 不太确定　　C. 不是的

58. 我喜欢外出看电影或参加一些娱乐活动。(　　)

A. 每星期一次以上（比一般人多）

B. 每星期一次（与一般人相似）

C. 偶然一次（比一般人少）

59. 我喜欢从事需要精确技术的工作。(　　)

A. 是的　　B. 在A和C之间　　C. 不是的

60. 在长辈(年龄、经验或级别比自己高的人)面前,我倾向于保持沉默。(　　)

A. 是的　　B. 在A和C之间　　C. 不是的

61. 我感到在众人面前说或朗诵是困难的。(　　)

A. 是的　　B. 在A和C之间　　C. 不是的

62. 我宁愿(　　)。

A. 指挥几个人工作　　B. 不确定　　C. 和团体共同工作

63. 即使我做了一件贻笑大方的事情,我也仍然能将它忘却。(　　)

A. 是的　　B. 在A和C之间　　C. 不是的

64. 没有人会幸灾乐祸地希望我遭遇困难。(　　)

A. 是的　　B. 不确定　　C. 不是的

65. 堂堂男子汉应该(　　)。

A. 考虑人生的意义　　B. 不确定　　C. 谋家庭的温饱

66. 我喜欢解决他人已经弄得一塌糊涂的问题。(　　)

A. 是的　　B. 在A和C之间　　C. 不是的

67. 我十分高兴的时候总有“好景不常”的感觉。(   )

A.是的　　B.在A和C之间　　C.不是的

68. 在困难的处境下，我总能保持乐观。(   )

A.是的　　B.不一定　　C.不是的

69. 迁居是一件极不愉快的事情。(   )

A.是的　　B.在A和C之间　　C.不是的

70. 在我的青少年时期，如果我与父母意见不合，我经常会(   )。

A.保持我的意见　　B.在A和C之间　　C.接受他们的意见

71. 我希望我的爱人能够使家庭(   )。

A.有其本身的欢乐与活动

B.在A和C之间

C.成为邻里社交活动的一部分

72. 我解决问题多数依靠(   )。

A.个人独立思考　　B.在A和C之间　　C.与人互相讨论

73. 需要当机立断时，我总是(   )。

A.镇静地运用理智

B.在A和C之间

C.常常紧张兴奋，不能冷静思考

74. 最近，在一两件事情上，我觉得自己是无辜受累。(   )

A.是的　　B.在A和C之间　　C.不是的

75. 我善于控制我的表情。(   )

A.是的　　B.在A和C之间　　C.不是的

76. 如果薪俸相等，我宁愿做(   )。

A.一个化学研究师　　B.不确定　　C.旅行社经理

77. 惊奇和奇怪的关系正如恐怖与（　　）。

A.勇敢　　B.焦虑　　C.恐惧

78. 下列分数中哪个和其他两个属于不同类别？（　　）

A.3/7　　B.3/9　　C.3/11

79. 有些人似乎不理睬或回避我，虽然我不知道为什么。（　　）

A.是的　　B.不一定　　C.不是的

80. 我虽善意待人，却得不到好报。（　　）

A.是的　　B.不一定　　C.不是的

81. 我不喜欢那些夜郎自大、目空一切的人。（　　）

A.是的　　B.在A和C之间　　C.不是的

82. 和一般人相比，我的朋友的确少。（　　）

A.是的　　B.在A和C之间　　C.不是的

83. 万不得已时，我才会参加社会集会，否则我总设法回避。（　　）

A.是的　　B.不一定　　C.不是的

84. 在服务机关中，对上级的逢迎得当，比工作上的表现更为重要。（　　）

A.是的　　B.在A和C之间　　C.不是的

85. 参加竞赛时，我看重的是竞赛活动，而不计较其成败。（　　）

A.总是如此　　B.一般如此　　C.偶然如此

86. 我宁愿我所从事的职业有（　　）。

A.固定可靠的薪水

B.在A和C之间

C.薪水高低能随我工作的表现随时调整

87. 我喜欢阅读（　　）。

A. 军事战斗或政治斗争的实况报道

B. 未能肯定

C. 动人的，富于想象力的小说

88. 有许多人不敢欺骗或犯罪，主要原因是怕受到惩罚。（　　）

A. 是的　　B. 在 A 和 C 之间　　C. 不是的

89. 我的父母从未严格地要我事事顺从。（　　）

A. 是的　　B. 不一定　　C. 不是的

90. 百折不挠、再接再厉的精神似乎完全被现代人忽视了。（　　）

A. 是的　　B. 不一定　　C. 不是的

91. 如果有人对我发怒，我总（　　）。

A. 设法使他安静下来　　B. 不太确定　　C. 也会恼怒

92. 我希望大家都能提倡（　　）。

A. 多吃水果以避免杀生

B. 不一定

C. 发展农业，捕灭对农产品有害的动物

93. 无论在极高的屋顶上或者极深的隧道中，我很少觉得胆怯不安。（　　）

A. 是的　　B. 在 A 和 C 之间　　C. 不是的

94. 我只要没有过错，不管人家怎样归咎于我，我总能心安理得。（　　）

A. 是的　　B. 在 A 和 C 之间　　C. 不是的

95. 凡是无法运用理智来解决的问题，有时候就不得不靠权力来

处理。(　　)

A. 是的　　B. 在A和C之间　　C. 不是的

96. 我十六七岁时与异性朋友的郊游(　　)。

A. 极多　　B. 在A和C之间　　C. 不很多

97. 我在交际场所参加的组织中是一个活跃分子。(　　)

A. 是的　　B. 在A和C之间　　C. 不是的

98. 在人声嘈杂中，我仍能不受妨碍，专心工作。(　　)

A. 是的　　B. 在A和C之间　　C. 不是的

99. 在某些环境下，我常常因为困惑引起幻想而将工作搁置下来。(　　)

A. 是的　　B. 在A和C之间　　C. 不是的

100. 我很少用难堪的话去中伤他人的感情。(　　)

A. 是的　　B. 不太确定　　C. 不是的

101. 我愿意做一名(　　)。

A. 商店经理　　B. 不确定　　C. 建筑师

102. 理不胜辞的意思是(　　)。

A. 理不如辞　　B. 理多而辞寡　　C. 辞藻丰富而理由不足

103. 锄头与挖掘犹如刀子与(　　)。

A. 雕刻　　B. 切剖　　C. 铲除

104. 我常常横过街道，以回避我不愿意招呼的人。(　　)

A. 很少如此　　B. 偶然如此　　C. 有时如此

105. 当我听音乐的时候，如果人们大声说话，我(　　)。

A. 能够专心听音乐而不受干扰

B. 在A和C之间

C. 感到它破坏我的欣赏并使我生气

106. 在课堂上，如果我的意见与老师不同，我常（　　）。

A. 保持缄默　　B. 不一定　　C. 当场表明立场

107. 我和异性交谈时，尽力避免涉及有关性的话题。（　　）

A. 是的　　B. 在A和C之间　　C. 不是的

108. 我待人接物的确不太成功。（　　）

A. 是的　　B. 不一定　　C. 不是的

109. 每当考虑困难问题时，我（　　）。

A. 一切都未雨绸缪

B. 在A和C之间

C. 相信到时候自然会解决

110. 我结交的朋友中，男女各占一半。（　　）

A. 是的　　B. 在A和C之间　　C. 不是的

111. 我宁可（　　）。

A. 结识很多的人　　B. 不一定　　C. 维持几个深交的朋友

112. 我宁为哲学家，而不做机械工程师。（　　）

A. 是的　　B. 不确定　　C. 不是的

113. 假如我发现某人自私自利时，我会揭发他。即使碰到一些麻烦，我也要这样做。（　　）

A. 是的　　B. 在A和C之间　　C. 不是的

114. 我常用心机去影响同伴，使他们能协助实现我的目标。（　　）

A. 是的　　B. 在A和C之间　　C. 不是的

115. 我喜欢做戏剧、音乐会、歌剧等新闻采访工作。(　　)

A. 是的　　B. 不一定　　C. 不是的

116. 当人们表扬我时，我总觉得不好意思。(　　)

A. 是的　　B. 不一定　　C. 不是的

117. 我认为现在最需要解决的问题是（　　）。

A. 政治纠纷　　B. 不太确定　　C. 道德标准的有无

118. 我有时会无故的产生一种面临横祸的恐惧。(　　)

A. 是的　　B. 偶尔如此　　C. 不是的

119. 我在童年时，害怕黑暗的次数（　　）。

A. 极多　　B. 不太多　　C. 没有

120. 黄昏闲暇，我喜欢（　　）。

A. 看一部历史探险影片　　B. 不一定　　C. 读科学幻想小说

121. 假如别人认为我是太不依惯例或太古怪时，我感到（　　）。

A. 非常气恼　　B. 有些动气　　C. 无所谓

122. 在一个陌生的城市找住址时，我经常（　　）。

A. 找人问路　　B. 在 A 和 C 之间　　C. 参考市区地图

123. 朋友们说要在家休息时，我仍设法怂恿他们外出。(　　)

A. 是的　　B. 不一定　　C. 不是的

124. 就寝时，我（　　）。

A. 不容易入睡　　B. 在 A 和 C 之间　　C. 极容易入睡

125. 有人打扰我时，我（　　）。

A. 不露声色　　B. 在 A 和 C 之间　　C. 要说给别人听，以泄气愤

126. 假如收入相同的话我愿意做（　　）。

A. 律师　　B. 未定　　C. 航海员或飞行员

127. 时间永恒是比喻（　　）。

A. 时间过得很慢　　B. 忘了时间　　C. 光阴一去不复返

128. 下列三组符号中有哪一组应排在 XOOOOXXOOOXXX 之后？（　　）

A.XOX　　B.OOX　　C.OXX

129. 在陌生的地方，我仍能清楚地辨别东西南北的方向。（　　）

A. 是的　　B. 在 A 和 C 之间　　C. 不是的

130. 我的确比一般人幸运，因为我能从事自己喜欢的工作。（　　）

A. 是的　　B. 不一定　　C. 不是的

131. 如果我急于借用别人的东西而物主不在，我认为不告诉他而拿他的东西没有什么大碍。（　　）

A. 是的　　B. 在 A 和 C 之间　　C. 不是的

132. 我喜欢向友人追述一些以往有趣的社交经验。（　　）

A. 是的　　B. 在 A 和 C 之间　　C. 不是的

133. 我更愿意做一名（　　）。

A. 演员　　B. 不确定　　C. 建筑师

134. 工作学习之余，我总要安排计划，不让时间浪费。（　　）

A. 是的　　B. 在 A 和 C 之间　　C. 不是的

135. 与人交往时，我常会无端的产生一种自卑感。（　　）

A. 是的　　B. 在 A 和 C 之间　　C. 不是的

136. 主动与陌生人交谈（　　）。

A. 是一件难事　　B. 在 A 和 C 之间　　C. 毫无困难

137. 我所欣赏的音乐是（　　）

A.轻快、朴实而活泼的

B.在A和C之间

C.感情丰富和伤感的

138. 我爱做白日梦即完全沉浸于幻想之中。（　　）

A.是的　　B.不一定　　C.不是的

139. 未来二十年的世界局势将好？（　　）

A.是的　　B.不一定　　C.不是的

140. 童年时，我喜欢阅读（　　）。

A.战争故事　　B.不确定　　C.神仙幻想故事

141. 我素来对机械、汽车、飞机等有兴趣。（　　）

A.是的　　B.在A和C之间　　C.不是的

142. 我愿意做一名缓刑释放罪犯的管理监视人。（　　）

A.是的　　B.在A和C之间　　C.不是的

143. 人们认为我只不过是一个能苦干、稍有成就的人。（　　）

A.是的　　B.在A和C之间　　C.不是的

144. 在逆境中，我总能保持精神振奋。（　　）

A.是的　　B.不一定　　C.不是的

145. 我认为人工节育是世界经济与和平问题的要诀。（　　）

A.是的　　B.不太确定　　C.不是的

146. 我喜欢独自进行我的计划，不受别人干预或提意见。（　　）

A.是的　　B.在A和C之间　　C.不是的

147. 我相信，上级并不总是正确的，但他仍有权做当权者。（　　）

A.是的　　B.不一定　　C.不是的

148. 我总设法使自己不粗心大意，忽略细节。(　　)

A. 是的　　B. 在 A 和 C 之间　　C. 不是的

149. 与人争辩或险遭事故后，我常发抖、精疲力竭，不能安心工作。(　　)

A. 是的　　B. 在 A 和 C 之间　　C. 不是的

150. 没有医生处方，我从不乱用药。(　　)

A. 是的　　B. 在 A 和 C 之间　　C. 不是的

151. 为了培养个人兴趣，我愿意参加(　　)。

A. 摄影组　　B. 不确定　　C. 辩论会

152. 星火燎原对姑息(　　)。

A. 同情　　B. 养奸　　C. 纵容

153. 钟表与时间犹如裁缝与(　　)。

A. 西装　　B. 剪刀　　C. 布料

154. 生动的梦境常常干扰我的睡眠。(　　)

A. 时常有　　B. 偶然有　　C. 从未有

155. 我过去曾撕毁一些禁止人们自由的布告。(　　)

A. 是的　　B. 在 A 和 C 之间　　C. 不是的

156. 在一个陌生的城市中，我会(　　)。

A. 到处闲游　　B. 不确定　　C. 不到处闲游

157. 我宁愿穿着朴素端正的衣服，而不愿穿奇装异服引人注目。(　　)

A. 是的　　B. 不太确定　　C. 不是的

158. 黄昏时，安静的娱乐远胜过热闹的宴会。(　　)

A. 是的　　B. 不太确定　　C. 不是的

159. 我常常明知故犯，不愿意接受好心的建议。(　　)

A. 偶然如此　　B. 很少如此　　C. 从未如此

160. 处理事情时，我总是以“是非”“善恶”的基本原则为依据。(　　)

A. 是的　　B. 在A和C之间　　C. 不是的

161. 我工作时不喜欢有许多人在旁参观。(　　)

A. 是的　　B. 在A和C之间　　C. 不是的

162. 故意去为难一个有教养的人，如故意挑战医生、教师的权威和尊严，是一件有趣的事情。(　　)

A. 是的　　B. 在A和C之间　　C. 不是的

163. 在各种课程中，我较喜欢(　　)。

A. 语文　　B. 不确定　　C. 数学

164. 那些自以为是、道貌岸然的人最使我生气。(　　)

A. 是的　　B. 在A和C之间　　C. 不是的

165. 和平常循规蹈矩的人交谈(　　)。

A. 颇有兴趣，亦有所得

B. 在A和C之间

C. 使我感到烦恼，因为他们谈到很多琐碎和肤浅的事情

166. 我喜欢(　　)。

A. 有几个有时对我很苛求而富有感情的朋友

B. 在A和C之间

C. 不受别人的牵涉

167. 如果作民意投票，我宁愿投票赞同。(　　)

A. 切实根绝有生理缺陷者的生育

B. 不确定

C. 对杀人犯判处死刑

168. 我有时会无端地感到沮丧和痛苦。(　　)

A. 是的　　B. 在A和C之间　　C. 不是的

169. 当我与立场相反的人辩论时，我主张(　　)。

A. 尽量找出基本观点的差异

B. 不一定

C. 彼此让步以解决矛盾

170. 我一向重感情而不重理智，因此我的观点常常摇摆不定。(　　)

A. 是的　　B. 不敢如此　　C. 不是的

171. 我的学习效率多有赖于(　　)。

A. 阅读好书　　B. 在A和C之间　　C. 参加集体讨论

172. 我宁选一个薪水高的工作，不在乎有无保障，而不愿意从事薪水低的固定工作。(　　)

A. 是的　　B. 不太确定　　C. 不是的

173. 在参加辩论以前，我总先把握住自己的立场。(　　)

A. 经常如此　　B. 一般如此　　C. 必要时才如此

174. 我常常被一些无所谓的琐事烦扰。(　　)

A. 是的　　B. 在A和C之间　　C. 不是的

175. 我宁愿住在嘈杂的城市，而不愿意住在安静的乡村。(　　)

A. 是的　　B. 不太确定　　C. 不是的

176. 我宁愿（　　）。

A. 负责领导儿童游戏　　B. 不确定　　C. 不是的

177. 一件（　　）事，众人受累。

A. 愤　　B. 偾　　C. 喷

178. 望子成龙的家长往往（　　）苗助长。

A. 揠　　B. 堰　　C. 偃

179. 气候的转变并不影响我的情绪。（　　）

A. 是的　　B. 在 A 和 C 之间　　C. 不是的

180. 因为我对于一切问题都有些见解，大家都公认我富于理想。（　　）

A. 是的　　B. 在 A 和 C 之间　　C. 不是的

181. 我讲话的声音（　　）。

A. 洪亮　　B. 未能决定　　C. 低沉

182. 人们公认我是一个活跃热情的人。（　　）

A. 是的　　B. 在 A 和 C 之间　　C. 不是的

183. 我喜欢有旅行和变动机会的工作，而不计较工作本身是否有保障。（　　）

A. 是的　　B. 在 A 和 C 之间　　C. 不是的

184. 我治事严格，凡事都务求正确尽善。（　　）

A. 是的　　B. 在 A 和 C 之间　　C. 不是的

185. 在取回或归还东西时，我总仔细检查东西是否还保持原状。（　　）

A. 是的　　B. 在 A 和 C 之间　　C. 不是的

186. 我是一个精力旺盛、终日忙碌的人。(　　)

A. 是的　　B. 在 A 和 C 之间　　C. 不是的

187. 我相信我对于上述问题没有漏答或给予不恰当的回答。(　　)

A. 是的　　B. 未能确定　　C. 不是的

参考文献

［1］傅小兰，张侃. 中国国民心理健康发展报告（2017—2018）［M］. 北京：社会科学文献出版社，2019.

［2］施剑飞，骆宏. 心理危机干预实用指导手册［M］. 宁波：宁波出版社，2016.

［3］国网湖北省电力有限公司. 电力安全心理评估研究［M］. 北京：中国电力出版社，2020.

［4］山东能源肥城矿业集团，中国科学院大学. 安全心智培训［M］. 北京：中国劳动社会保障出版社，2013.

［5］叶龙，郭名，王蕊，等. 基于胜任素质的轨道交通司机安全性评价与管理研究［M］. 北京：北京交通大学出版社，2016.

［6］余善法. 职业紧张评价与控制［M］. 北京：人民卫生出版社，2018.

［7］北京交通大学轨道交通行车关键岗位人员职业适应性研究中心. 高速铁路职工心理素质训练与提升［M］. 北京：北京交通大学出版社，2018.

［8］王晓梅. 铁路乘务人员缓压手册［M］. 北京：中国铁道出版社，2013.

［9］宋晓明. 公安民警心理健康训练与心理危机干预［M］. 北京：北京师范大学出版社，2011.

［10］亚隆. 团体心理治疗：理论与实践：第 5 版［M］. 李敏，李鸣，译. 北京：中国轻工业出版社，2010.

[11] 潘芳，吉峰，方力群，等 . 心身医学 [M]. 北京：人民卫生出版社，2018.

[12] 康立. 动车组乘务员心理健康状况调查 [J]. 现代预防医学，2012，39（9）：2214-2215，2217.

[13] 李万军，郑秀玲，李铭，等. 动车组机车乘务员驾驶适应性生理指标研究 [J]. 职业与健康，2011，27（13）：1441-1444.

[14] 李铭，马好，李万军，等 . 动车组与内燃机乘务员职业紧张和应对能力调查分析 [J]. 中华行为医学与脑科学杂志，2011，20（10）：943-944.

[15] 吴群荣，喻荣彬. 国内各铁路局机车乘务员 SCL-90 量表心理测评结果比较分析 [J]. 职业与健康，2009，25（17）：1793-1795.

[16] 唐仕雄，钟韶玲，潘洁，等. 机车乘务员的自我和谐、应对方式及社会支持对心理健康状况的影响 [J]. 职业与健康，2010，26（7）：753-755.

[17] 潘洁，钟韶玲. 机车乘务员心理健康水平概述 [J]. 中国职业医学，2009，36（1）：68，70.

[18] 唐仕雄，钟韶玲，潘洁，等 . 机车乘务员心理健康水平综合干预效果评价 [J]. 中国公共卫生，2012，28（7）：930-932.

[19] 张玲，谭麓湘，方章初，等 . 机车乘务员心理健康状况及其影响因素研究 [J]. 中国职业医学，2001，28（4）：19-20.

[20] 罗艳，李洪，周梅，等 . 机车乘务员职业倦怠的影响因素研究 [J]. 职业与健康，2011，27（11）：1201-1203.

[21] 查洪武，张荣，龚建新，等 . 机车乘务员职业相关疾病调查 [J]. 中国公共卫生，2006，22（5）：617.

[22] 王亚斌，崔金玲，秦磊，等. 机车乘务员自测健康与抑郁焦虑情绪的相关性 [J]. 现代预防医学，2010，37（22）：4221-4223.

[23] 魏亚培，王婷婷，李秀静，等. 机车运行对女乘务员生殖与心理健康影响的调查

[J]. 工业卫生与职业病，2021，47（1）：19-21，25.

[24] 郭强，林静利，徐鹏，等. 兰州铁路局机车乘务员驾驶适应性现况调查 [J]. 工业卫生与职业病，2016，42（1）：43-46，49.

[25] 储钢，刘颖萍，卢玉川 . 铁路机车乘务员动态血压初步分析 [J]. 职业与健康，2010，26（22）：2591-2592.

[26] 储钢，徐晓梅，李新海，等. 铁路机车乘务员精神卫生评定结果分析 [J]. 环境与健康杂志，2003，20（3）：168-169.

[27] 吴群荣. 铁路机车乘务员心理健康及相关因素分析 [J]. 中国工业医学杂志，2011，24（2）：120-123，126.

[28] 靳莎，孙敬磊. 铁路机车乘务员心理健康状况及其影响因素分析 [J]. 中国健康教育，2016，32（6）：526-529.

[29] 吕榜军，唐仕雄，钟韶玲，等. 铁路机车乘务员心理健康状况 Meta 分析 [J]. 中国工业医学杂志，2011，24（5）：347-350.

[30] 曹煜红，高锴，张玉润 . 铁路机车乘务员心理健康状态评定 [J]. 工业卫生与职业病，2004，30（1）：37-38.

[31] 柴文宇，陈姝. 铁路机车乘务员智能实时监测系统研究 [J]. 铁路计算机应用，2020，29（12）：21-24.

[32] 钟韶玲，唐仕雄，潘洁，等. 铁路机车乘务员自我和谐状况调查与分析 [J]. 中国健康心理学杂志，2010，18（3）：302-304.

[33] 王亚斌，崔金玲，秦磊，等. 铁路重点部门职工自测健康与抑郁焦虑情绪的相关性分析 [J]. 职业与健康，2010，26（18）：2041-2044.

[34] 白云明，康立，卢少楠，等. 郑州机车乘务员睡眠质量及其影响因素研究 [J]. 中国职业医学，2015（2）：190-193，198.

[35] 鲁锋，康立，徐飞，等. 郑州市机车乘务员职业紧张与睡眠障碍的关系 [J].

环境与职业医学，2015，32（11）：1003-1007.

[36] 王建青，曹煜红. 重载机车乘务员焦虑抑郁情绪调查 [J]. 职业与健康，2016，32（1）：21-23.